Lehrbuch des österreichischen bürgerlichen Rechts
Allgemeiner Teil des bürgerlichen Rechts
Schuldrecht · Allgemeiner Teil / Schuldrecht · Besonderer Teil und Schadenersatz
Sachenrecht / Familienrecht / Erbrecht
Von F. Gschnitzer

Erbrecht

Von

Dr. Franz Gschnitzer
o. Professor an der Universität Innsbruck

Springer-Verlag Wien GmbH
1964

ISBN 978-3-662-35918-1 ISBN 978-3-662-36748-3 (eBook)
DOI 10.1007/978-3-662-36748-3

Ursprünglich erschienen bei Springer Vienna 1964.

Vorwort

Immer wieder wird geklagt, daß ein Lehrbuch des österreichischen bürgerlichen Rechts fehle — der Grundriß von KARL WOLFF ist seit 1948 nicht mehr neu aufgelegt worden. Diesem Mangel will das hiemit in Angriff genommene Werk abhelfen. Es verfolgt also vorwiegend ein pädagogisches Ziel: den Stoff möglichst anschaulich und faßlich zu vermitteln. Es will nicht nur ein Gerippe bieten, das die Gefahr mechanischen Lernens bringt. Die Darstellung wird dadurch breiter, aber zugleich flüssiger und interessanter, kann auf die historischen Grundlagen eingehen und in die Probleme einführen. Die Verwendung von Kleindruck dient dazu, den Studenten bei der Wiederholung das Wesentliche vom weniger Wesentlichen unterscheiden zu lassen. Aus demselben Grund ist auch auf klare Einteilung Gewicht gelegt. Ein ausführliches Sach- und Quellenregister ermöglichen die rasche Auffindung einzelner Fragen. Auf wissenschaftlichen Apparat wird zunächst verzichtet, doch werden Streitfragen nicht übergangen und die vorgebrachten Argumente gegeneinander abgewogen.

Anregungen für Änderungen oder Ergänzungen, wie sie sich aus der praktischen Benützung des Werkes ergeben mögen, wird der Verfasser gerne entgegennehmen.

Das Erbrecht, das hiemit als weiterer Band des Lehrbuches erscheint, bietet wie kein anderer Teil des bürgerlichen Rechtes Schwierigkeiten der Stoffanordnung. Es ist nicht gelungen und wird wohl auch nicht gelingen, das Erbrecht in ein einheitliches, harmonisches System zu bringen. Wohin soll zum Beispiel das Pflichtteilsrecht gestellt, wo das Vermächtnis behandelt werden? Keine der verschiedenen Anordnungen befriedigt ganz; ein Vorteil für die Darstellung in einem Punkte muß mit einem Nachteil in einem andern Punkte erkauft werden.

Manche Partien des Erbrechtes, so die Grundzüge der gesetzlichen und der gewillkürten Erbfolge und des Pflichtteilsrechtes, sind leicht anschaulich zu machen. Andere Partien sind umso schwieriger und undurchsichtiger; zum Beispiel erfordert die Anrechnung beim gesetzlichen Erbteil und beim Pflichtteil komplizierte Rechenmethoden. Das zum Erbschaftserwerb führende, dem österreichischen Recht eigentümliche Abhandlungsverfahren bietet eine Reihe theoretischer Probleme. Manches ist ungeklärt; so der Erwerb bei Abtuung armutshalber und Überlassung an Zahlungs Statt, die Stellung des Vor- und Nacherben, Schenkung und Auftrag auf den Todesfall und wieweit die Vorschriften über Verträge auf den Erbvertrag anzuwenden sind.

Um das geltende Recht besser zu verstehn, wurden die Rechtsentwicklung und die Rechtsvergleichung, besonders beim Testament, bei der gesetzlichen Erbfolge und beim Pflichtteilsrecht, herangezogen. Der Anhang gibt zum Teil gelöste, zum Teil zu lösende Beispiele, unterstützt durch graphische Darstellungen.

Ein Verzeichnis der wichtigsten Quellen und ein Stichwortverzeichnis sollen das rasche Auffinden erleichtern. Aber nicht nur das! Zum Beispiel kann ein Gesamtbild von der Wirkung der Erbserklärung oder der Einantwortung erst gewinnen, wer nicht nur die Hauptfundstelle, sondern auch die zahlreichen andern Fundstellen vergleicht.

Innsbruck, Sommer 1964

F. Gschnitzer

Inhaltsverzeichnis

Seite

Anhang

§ 1. Grundbegriffe und Grundprobleme

A. Grundbegriffe

Der Übergang von Rechten und Pflichten beim Tode einer Person auf andere Personen heißt *erben.*

Die Person, deren Rechte und Pflichten übergehn, heißt *Erblasser* (§ 533).

Die Personen, auf die Rechte und Pflichten übergehn, heißen *Erben* (§ 532, 3).

Die Gesamtheit von Rechten und Pflichten, die übergehn, heißt:

vom Erblasser aus gesehen *Nachlaß, Verlassenschaft* (§ 531),

vom Erben aus gesehen *Erbschaft* (§ 532, 3).

Maßgebender Zeitpunkt ist der Tod des Erblassers (§ 536), der *Erbfall.*

Ist die Erbschaft unter einer aufschiebenden Bedingung zugedacht, muß noch der Bedingungseintritt *(Erb a n fall)* dazukommen (§ 703). In der Regel treffen aber Erbfall und -anfall zusammen (§ 545, 2).

B. Die drei Grundprobleme

Die drei Grundprobleme des Erbrechtes lauten: Was wird vererbt? Wer wird Erbe? Wie kommt der Erbe ins Erbe?

I. Was wird vererbt?

1. Vererben kann man nur, worüber man verfügen kann: ohne Privatrecht kein Erbrecht. Gemeineigentum, z. B. Familien- oder Sippeneigentum, schließt die individuelle Verfügungsmacht, daher auch das Erbrecht, aus. Spricht man hier von „erben", geschieht das im uneigentlichen Sinn; so beim Familienfideikommiß, §§ 618—645 (aufgehoben).

Privateigentum gibt es überall. Es geht selbst in der sozialistisch-kommunistischen Gesellschaft nicht um seine Abschaffung, in der individualistischen Gesellschaft nicht um seine schrankenlose Anerkennung. Es geht — das macht Unterschied genug! — darum, an welchen Gütern Privateigentum zugelassen wird. Je beschränkter das Privateigentum, umso beschränkter das Erbrecht; je mehr in Privateigentum steht, umso mehr kann vererbt werden.

2. Ist Privateigentum notwendige Voraussetzung des Erbrechtes, so ist Erbrecht doch nicht unbedingte Folge des Privateigentums. Private Rechte und Pflichten können den Tod des Trägers überdauern, damit nicht Werte zerstört und der Kredit geschädigt werde; sie können aber

auch erlöschen (Stellung als Arbeitnehmer, Nießbrauch, Anspruch auf Schmerzensgeld). Also ließe sich auch Privatrecht ohne Erbrecht denken. Allein so wie beim Privateigentum geht es auch beim Erbrecht nicht darum, ob es Erbrecht geben soll, sondern wie es auszugestalten ist.

Näheres s. u. § 2, insbes. D.

II. Wer wird Erbe?

1. *Erbfähig* ist, d. h. erben kann nur, wer zur Zeit des Todes des Erblassers (Erbfall) lebt; Näheres s. u. § 3. Unter den Erbfähigen erfolgt die *Berufung* als Erbe auf verschiedene Weise.

2. Verfügt der Erblasser von Todes wegen, sprechen wir von *gewillkürter Erbfolge.*

Gestattet die Rechtsordnung freie Verfügung über Rechte und Pflichten bei Lebzeiten und läßt sie solche Rechte und Pflichten den Tod überdauern, muß sie wohl auch gewillkürte Erbfolge zulassen, sonst würde die Erbfolge durch Vergabung unter Lebenden vorweggenommen. Danach steht die gewillkürte Erbfolge ebensowenig zur Diskussion wie das Erbrecht überhaupt; es handelt sich nur um ihre Ausgestaltung, insbesondere um die Grenzen der Testierfreiheit; s. u. § 24.

3. Fehlt eine Verfügung von Todes wegen, ist sie ungültig oder bestimmt nur über einen Teil des Nachlasses, greift die *gesetzliche Erbfolge ein.* Daraus ergibt sich weiter, daß sie dem vermutlichen (typischen, vernünftigen) Willen des Erblassers zu entsprechen hat.

4. Damit kann sich der Gesetzgeber aber nicht begnügen; er darf grob pflichtwidrige, gegen das Familieninteresse verstoßende Verfügungen nicht dulden. Das *Noterbrecht (Pflichtteilsrecht)* setzt sich auch gegen den Willen des Erblassers durch.

5. So entsteht die schon dem römischen Recht bekannte *Dreiteilung:*
Testamentarische Erbfolge = bonorum possessio secundum tabulas,
Gesetzliche Erbfolge = bonorum possessio sine tabulis,
Noterbfolge (Pflichtteilsrecht) = bonorum possessio contra tabulas.

Das moderne Recht faßt die gesetzliche Erbfolge nicht nur als vermutlichen Willen des Erblassers, sondern als typisch (generell) sachgerechte Verteilung auf und stellt sie daher an die Spitze. Das entspricht unserm Rechtsleben, da in den meisten Erbfällen gesetzliche Erbfolge eintritt. Von 6000 untersuchten Erbfällen enthielten nur 827 Verfügungen von Todes wegen.

6. *Wen zieht das Gesetz als Erben in Betracht?* Verwandte und Ehegatten. Die Regelung im einzelnen war und ist sehr verschieden; ein einheitliches Prinzip fehlt. Im engsten Kreis der Angehörigen erscheint uns das Erbrecht gefühlsmäßig begründet, wobei mehrere Gründe zusammenwirken: Unterhalt, Mitarbeit am Erwerb, gegenseitige Zusammengehörigkeit und Hilfe, vermutlicher (typischer, vernünftiger) Wille des Erblassers. Über den engsten Kreis hinaus ist man um Gründe verlegen.

7. Gerade dort, wo das gesetzliche Erbrecht am besten fundiert ist, im Kreis der engsten Familie, stellt es eine aus dem Familieneigentum

erwachsene Anwartschaft dar und kann in Gegensatz zum freien Verfügungsrecht des Erblassers geraten. So beruht unser Erbrecht auf zwei, nicht immer in Einklang stehenden Prinzipien: Verfügungsfreiheit des Erblassers und Familieninteresse. Das *Pflichtteilsrecht (Noterbrecht)* schafft den Ausgleich. Die Pflichtteilsberechtigten (Noterben) bilden zugleich den Kern der gesetzlichen Erben, die „wahren" Erben; doch ist auch die Begrenzung dieses Kreises nicht einheitlich und die technische Ausgestaltung verschieden (reservierte Erbportion, schuldrechtlicher Anspruch auf Geldquote oder Unterhaltsanspruch; s. u. § 24).

8. Fehlen gesetzliche oder Testamentserben, gelangt nach geltendem Recht der *Staat* ins Erbe. Das ist jedoch von geringer Bedeutung. Dafür beteiligt sich der Staat an jedem Erbe durch Besteuerung, und zwar umso mehr, je entfernter die Erben und je größer der Nachlaß (in Österreich bis zu 60 %). Das stellt einen empfindlichen Eingriff ins Erbe dar und kann sich bis zur Sozialisierung auf kaltem Weg steigern.

9. Die erbrechtlichen Bestimmungen gehn davon aus, daß Erblasser und Erbe natürliche Personen sind. Doch kann auch eine *juristische Person* (Verein, Kirche, Staat) Erbe werden; vgl. § 559, 2. Sie kann dagegen nicht Erblasser sein, auch wenn das Erlöschen der juristischen Person dem Tod der natürlichen Person entspricht und es zu einer der Erbfolge ähnlichen Gesamtnachfolge kommen kann; s. Allgem. Teil, Lehre vom Rechtssubjekt.

III. Wie kommt der Erbe ins Erbe?

1. Aus der Idee heraus, daß die Nachkommen die Person des Verstorbenen fortsetzen, treten sie mit dem Tod des Erblassers ipso jure an dessen Stelle (heres personam defuncti sustinet; der Tote erbt den Lebendigen; le roi est mort, vive le roi). Der Übergang des Vermögens, das Erben im heutigen Sinn, war nur eine notwendige Folge dieser Nachfolge in die Person. Nachdem diese Auffassung in den Hintergrund getreten ist, läßt sich nicht mehr rechtfertigen, daß der Erbe, ob er will oder nicht, Erbe wird. Er kann ausschlagen, und es ist dann nur eine Frage der Technik, ob man das ins Positive wendet und verlangt, daß er das Erbe antrete. So oder so entsteht, bis sich der Erbe erklärt, ein Schwebezustand, der *ruhende Nachlaß* (s. u. § 17). Das österreichische Recht geht noch einen Schritt weiter: die Verlassenschaft wird gerichtlich abgehandelt, und der Erbe kommt ins Erbe erst durch *Einantwortung*.

2. Die oben geschilderte Auffassung hat eine weitere Konsequenz: der Erbe wird *Gesamtnachfolger* (Universalsukzessor), d. h. die durch die Person des Erblassers zusammengefaßten Rechte und Pflichten gehn als Ganzes über. Die Gesamtnachfolge wirkt gleichsam von innen heraus, dadurch, daß der Erbe die Person des Erblassers repräsentiert. Die Gesamtnachfolge ergreift Aktiven und Passiven, und der Übergang erfolgt uno actu.

Während bei der *Singularsukzession* (Einzelnachfolge), die den Rechtsverkehr unter Lebenden beherrscht, einzelne Vermögensstücke, jedes mit dem dafür erforderlichen Erwerbsakt, übergehn (Fahrnis durch

Übergabe, Boden durch Verbücherung, Forderungen durch Zession, Schulden durch Schuldübernahme), braucht es bei der Gesamtnachfolge nicht den für jedes Stück entsprechenden besonderen Erwerbsakt: Der Erbe erwirbt Fahrnis ohne Übergabe, Boden ohne bzw. schon vor der Verbücherung; Forderungen müssen nicht zediert werden, Schulden gehn ohne Zustimmung der Gläubiger über. Der Übergang vollzieht sich uno actu, nach österreichischem Recht durch die Einantwortung.

Heute wird auch die Universalsukzession dem Erben nicht mehr unbeschränkt zugemutet. Übersteigen die Passiven die Aktiven, kann er seine Haftung auf die Höhe des Nachlasses beschränken, muß jedoch zur Sicherheit der Verlassenschaftsgläubiger den Nachlaß inventarisieren (beneficium inventarii). Anderseits können auch die Erbengläubiger sich gegen den überschuldeten Nachlaß durch das beneficium separationis, gleichfalls mit Inventarerrichtung, sichern.

3. Es gibt auch eine Einzelnachfolge von Todes wegen, das *Vermächtnis.* Das römische Recht hat Erbschaft und Vermächtnis scharf getrennt und das ABGB. hat das übernommen; §§ 532, 535.

Die Unterscheidung ist unserm Volk nie vertraut geworden. Daher muß die Auslegung ohne Rücksicht auf die gebrauchten Worte feststellen, was der Erblasser meinte. Wenn er z. B. anordnet: „Meinem Sohn vermache ich das Geschäft, meiner Tochter das Haus, meinem Patenkind 1000 S", wollte er wahrscheinlich Sohn und Tochter mit jenem Bruchteil zu Erben einsetzen, der dem Wert des Geschäftes und Hauses entspricht, und dem Patenkind ein Vermächtnis aussetzen.

§ 2. Was wird vererbt?

A. Grundlinien

1. Öffentliche Rechte und Pflichten sind grundsätzlich unvererblich. Somit steuert das Erbrecht ein Kriterium für die Unterscheidung zwischen öffentlichem und Privatrecht bei: Was vererblich ist, gehört dem Privatrecht an. Die Ausnahmen (s. u. B) sind nicht zahlreich und überdies dadurch gekennzeichnet, daß sie sich der Sphäre des Privatrechtes nähern.

2. Das darf aber nicht zum Gegenschluß verleiten, daß alles, was unvererblich ist, öffentlichen Rechtes sei. Es sind nämlich durchaus nicht alle Privatrechte und -pflichten vererblich. Vielmehr ist innerhalb des Privatrechtes zu unterscheiden: Personenrechte und Familienrechte und -pflichten sind, weil mit der Person verknüpft, im allgemeinen unvererblich (§§ 531, 1448); Vermögensrechte und -pflichten dagegen grundsätzlich vererblich.

B. Vererbliche öffentliche Rechte und Pflichten

Vererblich sind die Realgewerbe, d. h. die mit dem Eigentum einer Liegenschaft verbundenen (radizierten) Gewerbeberechtigungen. Personalgewerbe und Konzessionen sind nach GewO. § 56 grundsätzlich unvererblich, doch kann ein konzessioniertes handwerksmäßiges oder an einen

Befähigungsnachweis gebundenes Gewerbe auf die Witwe und die minderjährigen Kinder des Gewerbeinhabers übergehn, die, wenn der Verstorbene nicht anders verfügt, es gemeinsam auszuüben haben. Gleiches gilt für Apotheken.

Vererblich sind Patronatsrechte. Der Übergang von Grabstätten und Familiengrüften wird durch die Friedhofsordnungen geregelt.

Steuerschulden sind Nachlaßverbindlichkeiten nur, wenn sie vor dem Tod des Erblassers entstanden. Geldstrafen nur, wenn der Erblasser schon rechtskräftig verurteilt war (§ 548, 2). Nach dem VerwStG. § 14, II erlischt mit dem Tod des Verurteilten die Vollziehbarkeit der Geldstrafe. Von diesen Rechtsgrundsätzen wich das Volksgerichts- und Vermögensverfallsgesetz ab: Das Vermögen konnte selbst dann eingezogen werden, wenn beim Tod des Betroffenen noch kein Verfahren eingeleitet war.

C. Private Rechte und Pflichten

I. Personenrechte und Familienrechte und -pflichten

1. *Personenrechte* sind unvererblich. Daß das Kind den Namen des Vaters erhält, ist keine Vererbung; es trägt ihn ja schon bei Lebzeiten des Vaters. Die Persönlichkeitsrechte erlöschen auch nicht sofort mit dem Tode, sondern wirken fort (Recht am Bild, auf Ehre, Urheberrecht). Sobald und soweit die Persönlichkeitsrechte verselbständigten Vermögenswert bekommen und in den Rechtsverkehr eintreten (Immaterialgüterrechte), werden sie vererblich: Patent- und Urheberrecht, Lizenz, Firma.

2. Der *Leichnam* als sterblicher Teil der Person ist nicht eine Sache wie andere, daher nicht Teil des Nachlasses. Zwar treffen die Kosten für das ortsübliche, standesgemäße Begräbnis die Verlassenschaft (§ 549). Das besagt aber nicht, daß die Erben über die Art der Bestattung (Beerdigung oder Einäscherung) bestimmen. Zunächst gilt die Bestimmung des Erblassers, sonst haben die nächsten Angehörigen, ob sie Erben sind oder nicht, darüber zu befinden.

3. *Familienrechte und -pflichten* sind unvererblich. So die Stellung der Eltern, des Vormundes, des Beistandes; die Pflicht zur Alimentation, zur Bestellung der Ausstattung, des Heiratsgutes. Tod des Verpflichteten bewirkt nicht Vererbung, sondern Devolution an den Nächstverpflichteten.

Die Devolution unterscheidet sich von der Vererbung:

a) Der Nächstverpflichtete (z. B. nach dem Vater die Mutter) tritt ein, auch wenn er nicht Erbe des Erstverpflichteten ist.

b) Die Pflicht ändert mit der Devolution ihren Inhalt, da er sich nach der Fähigkeit des Verpflichteten richtet.

Eine Ausnahme besteht für die Unterhaltspflicht des unehelichen Vaters. Sie „geht gleich einer andern Schuld auf die Erben des Vaters über“ (§ 171, I). Eine weitere Ausnahme gilt für die Unterhaltspflicht, nicht für die Beitragspflicht, bei Scheidung (EheG. § 78, I und III).

II. Vermögensrechte und -pflichten

1. Vermögensrechte und -pflichten sind grundsätzlich vererblich. Zu den Vermögensrechten zählt § 308 auch den Besitz und das mit dem Erbfall (§ 536) entstandene Recht, Erbe zu werden (Transmission §§ 537, 809). Vererblich ist auch die Pflicht zum Schadenersatz und zur Zahlung einer Vertragsstrafe (§ 1337). Es gibt aber nicht wenige Ausnahmen, sogenannte *höchstpersönliche Rechte und Pflichten.*

Die Vorschriften, welche die Vererblichkeit oder Unvererblichkeit anordnen, können nachgiebig oder zwingend sein. § 529 ordnet für Personalservituten die Unvererblichkeit nur dispositiv an; die Vererblichkeit der Forderung kann der Gläubiger ausschließen, indem er die Schuld dem Schuldner auf den Todesfall erläßt.

2. Mit dem Tode des Berechtigten erlöschen folgende Rechte *(aktiv höchstpersönlich):* der Anspruch auf Unterhalt, Ausstattung und Heiratsgut; das Ausgedinge und die Leibrente, wenn auf das Leben des Berechtigten abgestellt; der Anspruch auf Schmerzensgeld; das Wiederkaufs-, Rückverkaufs- und Vorkaufsrecht (§§ 1070, 1071, 1074); persönliche Dienstbarkeiten im Zweifel (§ 529); das Widerrufsrecht des Schenkers wegen Dürftigkeit (§ 947); der Pflichtteilsanspruch.

Solche höchstpersönlichen Ansprüche können aber dadurch, daß der Berechtigte sie geltend bzw. anhängig gemacht hat, vererblich werden. So der auf Scheidung oder auf Aufhebung der Ehe, wenn die Klage erhoben wurde; der Pflichtteilsanspruch, wenn er angemeldet ist; der Anspruch auf Schmerzensgeld, wenn er durch Vertrag oder Vergleich anerkannt oder gerichtlich geltend gemacht ist. Ähnlich beim Anspruch auf Entschädigung wegen ungerechtfertigter Verurteilung und wegen erlittener Untersuchungshaft.

3. Mit dem Tode des Verpflichteten erlöschen folgende Pflichten *(passiv höchstpersönlich):* das Veräußerungs- und Belastungsverbot (§ 364 c, 1); die Verpflichtung aus einer Leibrente, die auf das Leben des Verpflichteten gestellt ist. Die Pflicht zu persönlichen Handlungen, daher die Stellung des Arbeitnehmers, während die des Arbeitgebers vererblich ist.

4. *Aktiv und passiv höchstpersönlich* sind Auftrag und Vollmacht, doch ist das nachgiebiges Recht. Im Handelsrecht sind sie auf Seite des Auftrag- und Vollmachtgebers vererblich (wieder dispositiv). Die Prokura ist auf Seite des Vollmachtgebers vererblich, entgegenstehende Vereinbarung Dritten gegenüber unwirksam (§ 52, III HGB.). Ebenso die Prozeßvollmacht (§ 35 ZPO.). Für die Wohnungsmiete trifft § 1116 a, 2 eine Sonderregelung. Für die geschützte Miete ordnet MG. § 19, II, Z. 11 eine Sondernachfolge für nahe Angehörige an, die schon bisher mit dem Verstorbenen in gemeinsamem Haushalt wohnten, ob sie dessen Erben sind oder nicht.

5. Ob die Mitgliedschaft bei Gesellschaft und Verein vererblich oder unvererblich ist, bestimmt das Statut.

6. Besonderes gilt für die *Lebensversicherung.* Ist sie auf das Ableben des Erblassers gestellt und nennt einen Begünstigten, z. B. den Ehegatten, so erwirbt dieser nach VVG. § 166, II den Anspruch mit Eintritt des Versicherungsfalles (Tod) unmittelbar kraft Vertrages, nicht kraft Erbrechtes. Die Versicherungssumme gehört daher nicht zum Nachlaß (anders für die Erbsteuer!). Das gilt, selbst wenn als Begünstigte nach § 167, II VVG. die Erben genannt sind. Nur die auf Überbringer lautende Polizze gehört zum Nachlaß, da sie sich gleichsam in dessen Händen befindet.

D. Ergebnis

Wenn man nicht rein materiell denkt, ist nur der kleinere Teil der Rechtsstellung einer Person vererblich, der größere sinkt mit ihr ins Grab.

Das war nicht immer so. Im Mittelalter waren erblich: Lehen und Erbleihen, die Ämter des Grafen, Hausmeiers, Schöffen, Vogtes; auch das König- und Kaisertum und die landesherrliche Gewalt. Andererseits gingen mit dem Tode nach altem deutschen Recht Schulden und Forderungen überhaupt, im römischen Recht wenigstens die Bürgschaftsschuld unter. So wechselt das, was vererbt werden kann. Voreilig wäre der Schluß, daß unser Erbrecht — in Verkümmerung begriffen — verschwinden werde. Die Entwicklung verläuft nicht geradlinig. Richtig allein ist die Erkenntnis, daß die Erbrechtsordnung veränderlich und nicht etwa selbstverständlich, gleichsam naturnotwendig ist.

§ 3. Erbfähigkeit. Berufung

Ist Erbrecht der Übergang des Vermögens einer Person bei ihrem Tode, so ist der Zeitpunkt des Todes des Erblassers (Erbfall) maßgebend dafür, ob jemand Erbe wird.

Spricht man schon bei Lebzeiten des Erblassers von seinen gesetzlichen oder Testamentserben, ist damit weder ein Erb*recht* (§ 536, 1) noch eine Erb*anwartschaft,* sondern nur eine Erb*aussicht* gemeint. Diese Aussicht kann durch Änderung des Testamentes, vorherigen Tod des Erbanwärters, Geburt eines neuen zunichte werden; vgl. § 536, 2: „vermeintlicher Erbe".

A. Erbfähigkeit

Erbfähig ist nach § 538, 1, wer vermögensfähig, d. h. Person ist.

I. Natürliche Personen

1. Natürliche Personen sind alle Menschen vom Zeitpunkt ihrer Geburt bis zu dem ihres Todes. Daher kann nicht Erbe werden, wer beim Tod des Erblassers (§ 545) noch nicht lebt oder nicht mehr lebt.

a) Wer *noch nicht* lebt, kann nicht erben. Dem Erzeugten, noch nicht Geborenen, werden die Rechte, also auch das Erbrecht, für den Fall der Lebendgeburt vorbehalten (§ 22); mit der Abhandlung ist zuzuwarten. Kommt er tot zur Welt, ist es so, als wäre er nie erzeugt worden, und für die nunmehr in Betracht kommenden Erben ist wieder der Zeitpunkt des Todes des Erblassers maßgebend. Unerzeugte können nur als Nacherben berufen sein; s. u. § 21 C.

b) Wer *nicht mehr* lebt, kann nicht erben. Stirbt der in Aussicht genommene Erbe vor dem Erblasser, ist seine und seiner Erben Erbaussicht vereitelt. Beispiel s. Anhang A. Bei Todeserklärung ist der im Beschluß festgestellte Todeszeitpunkt maßgebend.

2. Hat der Erbe den Erbfall jedoch erlebt, geht sein Erbrecht auf seine Erben über, auch wenn er vor Antritt oder Einantwortung des Erbes stirbt (§§ 537, 809); sog. *Transmission,* s. u. § 17, B.

3. *Ordenspersonen* verlieren mit dem feierlichen Gelübde der Armut die Fähigkeit, Vermögen zu erwerben, damit nach § 538, 2, auch zu erben (Ausnahmen für Deutschordens- und Malteserritter); daß anstelle einer erbunfähigen Ordensperson der Orden erbe, ist damit nicht gesagt. Näheres über das Erbrecht *nach* Ordensleuten s. u. § 7 B und § 10 B.

4. Unbefugte Auswanderung und Desertion (§ 544) hat nicht mehr Erbunfähigkeit zur Folge. Die durch das ns. Regime eingeführten Beschränkungen der Erbfähigkeit wurden 1945 wieder aufgehoben. Ausländer sind erbfähig, außer wenn in ihrem Heimatstaat Österreicher nicht erbfähig wären (Vergeltungsrecht).

5. Nachträglich eintretende Erbfähigkeit nützt nicht (§ 546), nachträglich eintretende Erbunfähigkeit schadet nicht; dagegen kann Erbunwürdigkeit auch nachträglich eintreten; s. u. § 14 B.

II. Juristische Personen

1. Juristische Personen sind vermögens- und daher erbfähig. Sie müssen zur Zeit des Erbfalles schon bzw. noch existieren. Hat der Erblasser letztwillig eine Stiftung angeordnet und zugleich bedacht, ist der Fall analog dem der Leibesfrucht: Das Erbe wird der Stiftung für den Fall vorbehalten, daß sie existent wird; wird sie es (z. B. wegen Unerlaubtheit) nicht, fällt der Vorbehalt dahin.

2. Für Kirchen und Orden gilt nichts besonderes. Die ehemals bestandenen Beschränkungen der toten Hand (vgl. § 539) wurden durch das Konkordat von 1855 aufgehoben. Die Verfassung von 1867 hat sie zwar für zulässig erklärt, doch wurde davon kein Gebrauch gemacht.

B. Berufung

1. Das ABGB. zählt das Erbrecht zu den Sachenrechten (§ 308) und wendet darauf die Lehre vom titulus und modus acquirendi, von Erwerbungsgrund und Erwerbungsart (§§ 380, 425) an; Erwerbungsart ist die Einantwortung, Erwerbungsgrund der Berufungsgrund (§ 799).

2. Es gibt drei Berufungsgründe (§§ 533, 799), und zwar, wenn man sie nach der Häufigkeit ihres Vorkommens reiht: Gesetz, Testament, Erbvertrag. Gerade umgekehrt ist die Reihung nach ihrer Stärke, d. h. der Erbe kraft Vertrages hat den stärkeren Titel als der kraft Testamentes, dieser wieder den stärkeren als der kraft Gesetzes.

3. Bei der Berufung denkt man zunächst an die Erbfolge, doch gilt Analoges auch für die Einzelnachfolge von Todes wegen. Zwar beruhen

Vermächtnisse meist auf letztem Willen; doch ist nicht einzusehen, warum sie nicht auch vertraglich angeordnet werden könnten (Vermächtnisvertrag; str.), und sicher gibt es gesetzliche Vermächtnisse, z. B. den Voraus des Ehegatten.

4. Das Gesetz räumt ferner den sogenannten Noterben Pflichtteils- und Unterhaltsansprüche ein, doch werden sie dadurch nicht Erben, sondern erhalten nur Forderungsrechte gegen die Erben.

5. Erbverzicht, Erbunwürdigkeit und rechtmäßige Enterbung (s. u. § 14) beseitigen den Berufungsgrund und den Pflichtteilsanspruch, nicht den Unterhaltsanspruch des Noterben (§ 795).

§ 4. Gesetzliche Erbfolge im allgemeinen

I. Wesen

Die gesetzliche Erbfolge ist Intestaterbfolge, d. h. sie tritt ein, wenn

a) der Erblasser überhaupt nicht oder nicht über sein ganzes Vermögen verfügt hat (§ 727). Der römische Satz: nemo pro parte testatus pro parte intestatus decedere potest gilt heute nicht mehr (§ 534);

b) die Verfügung hinfällig wird, weil die eingesetzten Erben sie nicht annehmen können (Erbunfähigkeit oder -unwürdigkeit) oder wollen (Ausschlagung) und auch kein Ersatz(Nach)erbe, Transmissar oder anwachsungsberechtigter Miterbe das Erbteil erwirbt.

Gesetzlich ist hier also im Sinn von jus dispositivum verstanden (vgl. gesetzlicher Güterstand); zum Unterschied vom Pflichtteilsrecht, das jus cogens ist, d. h. trotz einer gegenteiligen Verfügung Platz greift. Daher zählt § 727 das Pflichtteilsrecht zu Unrecht unter die Fälle der gesetzlichen Erbfolge; richtig ist nur, daß bloß gesetzliche Erben pflichtteilsberechtigt sein können.

II. Kreis der gesetzlichen Erben

Die gesetzliche Erbfolge ist Familienerbfolge, und zwar Erbfolge der Verwandten und des Ehegatten. Verschwägerte erben nicht. Nach den gesetzlichen Erben erben die Legatare (§ 726/3), und der erblose Nachlaß fällt dem Staate anheim (§ 760). Sonderrecht gilt für die Erbfolge in Bauerngüter und nach Geistlichen (§ 761).

III. Grundsätze der Verwandtenerbfolge

Die Verwandtenerbfolge wird von folgenden Prinzipien beherrscht.

1. Sie ist eine Erbfolge nach *Parentelen* (§ 731):

Erste Parentel . . . Nachkommen des Erblassers;
Zweite Parentel . . . seine Eltern und deren Nachkommen;
Dritte Parentel . . . seine Großeltern und deren Nachkommen; usw.

2. Schon das ABGB. hatte eine *Erbrechtsgrenze* geschaffen, nur war sie mit der 6. Parentel zu weit gezogen. Die I. TN. hat die gesetzliche Erbfolge auf die 1., 2. und 3. Parentel und von der 4. auf die Urgroßeltern beschränkt (§§ 731, IV; 751).

3. *Die nähere Parentel schließt die fernere aus.* § 730 verbo „nächste Linie“ stellt das Prinzip auf, die §§ 735, 738, 741 führen es durch.

4. Das *Eintritts-, Repräsentationsrecht.* Der lebende Vorfahre repräsentiert seine Nachkommen und schließt sie vom Erbe aus (§ 732 Schlußsatz). Der vorverstorbene Vorfahre wird von seinen Nachkommen repräsentiert, die erben, was er geerbt hätte (§§ 733, 734 Schlußsatz). Ebenso die §§ 735 ff.

Das Repräsentationsrecht ist eine Konstruktion, die nicht überspannt werden darf:

a) Erbunwürdigkeit des Vorfahren hindert das Eintrittsrecht seiner Nachkommen nicht (§ 541), ob er den Erblasser überlebt oder nicht.

b) Der Erbverzicht kann sich auf die Nachkommen erstrecken, muß es aber nicht (§ 551, 3); dasselbe gilt für die Ausschlagung.

Kurz: Die Nachkommen treten nicht in die Rechte des Vorfahren ein, sondern erben zu eigenem Recht.

5. Das Repräsentationsrecht führt zum *Erbrecht nach Stämmen,* zum Unterschied von jenem nach Kopfteilen. In der 1. Parentel bedeutet das, daß z. B. nicht jeder Enkel den gleichen Kopfteil erhält, sondern das einzige Kind der vorverstorbenen Tochter ebensoviel wie die vier Kinder des vorverstorbenen Sohnes zusammen. Analoges gilt in den andern Parentelen. So fällt in der 3. Parentel die Erbschaft zur Hälfte den väterlichen Großeltern des Erblassers und deren Nachkommen, zur Hälfte den mütterlichen Großeltern des Erblassers und deren Nachkommen zu — eine Art auf den Kopf gestelltes Repräsentationsrecht, bei dem die Vorfahren in das Recht ihrer vorverstorbenen Kinder (der Eltern des Erblassers) eintreten. Ist in der betreffenden Parentel von einer Seite niemand mehr vorhanden, erbt jedoch die andere Seite (§§ 737, 740) und erst wenn auch diese ausfällt, die nächste Parentel.

6. Mehrfache Verwandtschaft begründet *mehrfaches Erbrecht (§ 750),* wie sich schon bei voll- und halbbürtigen Geschwistern zeigt (§ 736).

IV. Kritische Bemerkungen

Zu 1. Das ABGB. sagt für Parentel Linie (das BGB. Ordnung), doch darf dieser Begriff der Linie nicht mit jenem der geraden und der Seitenlinie (§ 41) verwechselt werden. Zur 2. und den folgenden Parentelen gehören sowohl Verwandte des Erblassers in gerader Linie (Vorfahren) wie in der Seitenlinie (Geschwister, Nichte, Onkel). Der deutlichere Ausdruck ist daher Parentel, d. h. Stammeltern (parentes) mit ihren Nachkommen. Männliche und weibliche Parentel sind gleichgestellt.

Zu 2. Die Erbrechtsgrenze ist kaum spürbar. Eine statistische Untersuchung ergab, daß in der Hälfte aller Erbfälle Erben der 1. Parentel, in einem Drittel solche der 2. und nur in vereinzelten Fällen solche der 3. Parentel erbten. Die Beschränkung der 4. Parentel auf die Urgroßeltern hat zur Folge, daß keine Wechselseitigkeit besteht: der Großonkel wird vom Großneffen (dem Nachkommen der Eltern des Großonkels, 2. Parentel) beerbt, nicht aber der Großneffe vom Großonkel (dem Nachkommen der Urgroßeltern des Großneffen, 4. Parentel).

Zu 3. Die Erbfolge nach Parentelen hat mit der nach Graden nichts zu tun.

a) In der Parentel erben gradnähere neben gradferneren Verwandten: Kinder neben Enkeln nach verstorbenen Kindern.

b) Gradfernere Verwandte der näheren Parentel schließen gradnähere Verwandte der ferneren Parentel aus: der Enkel (1. Parentel, 2. Grad) den Vater des Erblassers (2. Parentel, 1. Grad); der Neffe und Großneffe (2. Parentel, 3. und 4. Grad) den Großvater des Erblassers (3. Parentel, 2. Grad). Das ist dadurch gerechtfertigt, daß Gut wie Blut fließen soll. Daß aber, wenn in der 2. Parentel von einer Elternseite niemand da ist, das Erbe in der 2. Parentel bleibt und zur andern Elternseite übergeht, ist bedenklich, denn damit kann das Familiengut der Seite verlorengehn, von der es stammt. Richtiger fiele es den Vorfahren und Verwandten dieser Elternseite zu (Schoßfall).

Zu 4. und 5. Das Eintrittsrecht und das Erbrecht nach Stämmen bewirkt eine Hintansetzung kinderreicher Familien. In der 2. Ordnung führt das Repräsentationsrecht dazu, daß die Geschwister des Erblassers nicht erben, wenn beide Eltern noch leben (Gut fließt nicht wie Blut).

Unbeschadet dieser Mängel, besticht das vom Naturrecht geschaffene System durch Einfachheit und Klarheit. Das ABGB. hat es zuerst eingeführt und andere Gesetzgebungen, darunter BGB. und SchwZGB., haben es übernommen.

Der Erblasser kann durch Verfügungen auf den Todesfall in den Grenzen des Pflichtteilsrechtes individuellen Bedürfnissen Rechnung tragen.

V. Beispiele

Siehe Anhang B

§ 5. Gesetzliche Erbfolge bei unehelicher Verwandtschaft, Legitimation und Adoption

I. Kinder aus vernichteten Ehen

Sie gelten als ehelich; § 30 EheG., der an die Stelle des § 160 ABGB. getreten ist. Ausgenommen sind nach § 29 EheG. die Kinder aus Namens- und Staatsangehörigkeitsehen.

II. Uneheliche Verwandtschaft

1. Uneheliche Kinder haben gegenüber der Mutter und den Verwandten der Mutter gleiche Rechte wie die ehelichen (§ 754; die Einschränkung auf das frei vererbliche Vermögen ist mit der Abschaffung der Familienfideikommisse weggefallen). Das Anerbenrecht stellt sie auch gegenüber der Mutter und deren Verwandten den ehelichen nicht gleich, sondern reiht sie hinter ihnen, läßt sie aber anderseits als leibliche Kinder den Adoptivkindern der Mutter vorgehn; s. u. IV und § 7 A.

2. Gegenüber dem Vater und den Verwandten des Vaters haben sie kein gesetzliches Erbrecht (§ 754).

3. Daraus ergibt sich: Das eheliche Kind eines unehelichen Kindes beerbt dessen Mutter (seine Großmutter) und deren Verwandte, da auch sein Elternteil sie beerbt hätte; dagegen nicht dessen Vater (seinen Großvater) und dessen Verwandte, da auch sein Elternteil sie nicht beerbt hätte. Das uneheliche Kind eines ehelichen Sohnes beerbt die väterlichen Großeltern und deren Verwandte nicht, da es nach seinem Vater und dessen Verwandten kein Erbrecht hat. Das

uneheliche Kind einer ehelichen Tochter beerbt dagegen seine mütterlichen Großeltern und deren Verwandte, weil es seine Mutter und deren Verwandte beerbt. Das uneheliche Kind der unehelichen Tochter beerbt die mütterliche Großmutter und deren Verwandte, nicht den mütterlichen Großvater und dessen Verwandte.

4. Nach § 756, 2 gilt Wechselseitigkeit, d. h. daß die uneheliche Mutter und deren Verwandte, nicht aber der uneheliche Vater und dessen Verwandte ein Erbrecht nach dem Kind haben.

5. Die geplante Neuregelung des Unehelichenrechts sieht ein gesetzliches Erbrecht (und damit auch ein Pflichtteilsrecht) für das uneheliche Kind nach dem Vater vor, „wenn er zur Zeit seines Todes weder verheiratet gewesen ist noch eheliche Nachkommen hinterlassen hat". Umgekehrt hat der Vater ein gesetzliches Erbrecht nach dem Kind, „wenn es zur Zeit seines Todes nicht verheiratet gewesen ist". (Nachkommen des Kindes schließen ja den Vater ohnehin aus.) Nach den väterlichen Verwandten hat das Kind und diese nach ihm auch weiterhin kein Erbrecht.

III. Legitimation

1. Da die unehelichen Kinder der Mutter und deren Verwandten gegenüber gleiches Erbrecht wie die ehelichen haben, kann es sich bei der Legitimation nur um das Erbrecht gegenüber dem Vater und den väterlichen Verwandten handeln. Das ABGB. unterscheidet zwischen den durch nachfolgende Ehe und den durch Gnadenakt Legitimierten.

a) Durch nachfolgende Ehe Legitimierte „genießen auch in Rücksicht der gesetzlichen Erbfolge die Rechte ehelicher Kinder" (§ 752; die Beschränkungen des § 161 sind belanglos).

b) Durch Gnadenakt Legitimierte haben gesetzliches Erbrecht nur, wenn der Vater darum ansucht (§ 753), und auch dann nur dem Vater, nicht dessen Verwandten gegenüber (§ 162 Schlußsatz); also z. B. nicht gegenüber andern Kindern des Vaters. Wohl aber erben kraft Eintrittsrechtes die Nachkommen des Legitimierten.

2. Das Erbrecht ist wechselseitig (§ 756, 1).

3. Das Anerbenrecht stellt alle Legitimierten den Ehelichen völlig gleich; s. u. § 7 A.

IV. Wahlkinder

Wahlkinder und ihre Nachkommen hatten nach § 755 ein gesetzliches Erbrecht, aber nur nach dem Annehmenden, nicht nach seinen Verwandten. Auch bestand keine Wechselseitigkeit (§ 756, 3), damit nicht auf das Vermögen des Wahlkindes spekuliert werde. Das Erbrecht zwischen Wahlkind und leiblicher Familie blieb unberührt. Das hatte den Nachteil, daß das Vermögen des Annehmenden über das Wahlkind auf dessen leibliche Verwandte übergehn und den Verwandten des Annehmenden entfremdet werden konnte. Die Regelung war nicht zwingend.

Das Gesetz vom 17. 2. 1960 über die Neuordnung des Rechtes der Annahme an Kindesstatt hat § 755 und § 756, 3 aufgehoben und folgende — im Gegensatz zu früher zwingende — Regelung getroffen:

1. Zwischen dem Annehmenden und seinen Nachkommen einerseits und dem Wahlkind und seinen bei Adoption minderjährigen Nachkommen andererseits besteht gleiches Erbrecht wie bei ehelicher Abstammung (§ 182). Das Erbrecht erstreckt sich somit auch auf die Nachkommen des Annehmenden und ist wechselseitig.

2. Das Erbrecht zwischen den leiblichen Eltern und ihren Verwandten einerseits und dem Wahlkind und seinen Nachkommen andererseits bleibt aufrecht (§ 182, b, I).

3. Stirbt das Wahlkind, ohne Nachkommen zu hinterlassen, so erbt nach § 182, b, II:

a) wenn es von einem Ehepaar angenommen wurde, die Wahlparentel (Wahleltern und deren Nachkommen) *vor* der leiblichen Parentel (leibliche Eltern und deren Nachkommen);

b) wenn es nur von einer Person angenommen wurde, die Wahlhalbparentel *neben* der leiblichen Halbparentel, z. B. der Wahlvater oder seine Nachkommen die eine, die leibliche Mutter oder ihre Nachkommen die andere Hälfte des Nachlasses.

4. Analoges muß für die gesetzliche Erbfolge in der 3. und 4. Linie gelten.

5. Das Anerbenrecht läßt, vom bürgerlichen Recht abweichend, leibliche Kinder den Adoptivkindern vorgehn; d. h. eheliche Kinder gehn durchwegs, uneheliche nach der Mutter und ihren Verwandten den Adoptivkindern vor; s. u. § 7 A.

§ 6. Gattenerbrecht

Die Einfügung des Gatten als Nichtverwandten in das Verwandtenerbrecht bildet ein nicht völlig gelöstes, wohl auch nicht lösbares Problem.

A. Entwicklung

I. Römisches Recht

1. Das *jus Quiritium* verwendet einen genialen Kunstgriff: Die uxor in manu steht dem Mann gegenüber filiae loco, erbt somit nach ihrem Mann neben Kindern ein Kindesteil und vor allen andern Verwandten das Ganze. Stirbt sie vor dem Mann, tritt keine Erbfolge ein, da sie nicht sui juris ist.

2. Für die *freie Ehe* ist dem römischen Recht eine Lösung nicht mehr geglückt. Der Prätor schuf eine eigene Erbklasse ‚unde vir et uxor' an letzter Stelle nach allen Verwandten. Vielleicht war auch die Ehe damals schon so zerrüttet, daß man ein besseres Gattenerbrecht nicht mehr als angemessen empfand. Ehepakten (instrumenta dotalia), die geradezu zur Eheschließungsform wurden, sorgten für die Witwe.

3. Erst Justinian gibt der vidua inops, der unversorgten Witwe, neben Kindern gesetzliches Erbrecht auf $^1/_4$. Der Mann hatte nach der Frau kein gesetzliches Erbrecht.

II. ABGB. in der Gestalt von 1812

1. *Neben Kindern* erhielt der Gatte seinen Anteil nur zu Fruchtgenuß, und die Höhe des Anteils richtete sich nach der Kinderzahl: bei einem, zwei oder drei Kindern $^1/_4$, bei mehr Kindern ein Kopfteil, z. B. bei sechs Kindern $^1/_7$.

2. Waren *keine Kinder* vorhanden, erhielt der Gatte 1/4 zu Eigentum. immer mußte er sich ausrechnen lassen, was er durch Ehepakt, Erbvertrag oder Testament aus dem Vermögen des Erblassers erhielt. Nur wenn keine erbberechtigten Verwandten vorhanden waren, erbte der Gatte alles.

Die Regelung zeigt die Probleme auf, mit denen sich die I. TN. auseinanderzusetzen hatte: Fruchtgenuß oder Kapital; Konkurrenz mit Kindern und entfernteren Verwandten.

B. Geltendes Recht

Der Gatte erhält:

1. ein Erbteil (§ 757);
2. den sogenannten Voraus (§ 758).

Die Ansprüche auf den sogenannten Dreißigsten (§ 1243) und auf den mangelnden anständigen Unterhalt (§ 796) werden beim Pflichtteilsrecht behandelt; s. u. § 25, V.

I. Erbteil
§ 757

1. Das Erbteil des Gatten beträgt neben Kindern (Nachkommen) 1/4, neben Eltern und deren Nachkommen oder neben Großeltern 1/2, sonst das Ganze.

Nach einer statistischen Untersuchung erbte der Gatte in 30 % der Fälle neben Nachkommen, nur in 7 % der Fälle neben der 2. Parentel oder den Großeltern.

a) Da das Erbteil des Gatten neben Kindern immer 1/4 ist, beträgt es bei ein oder zwei Kindern weniger, bei drei Kindern gleich viel und bei vier und mehr Kindern mehr als ein Kindesteil. Unter Kindern sind die Nachkommen des verstorbenen Gatten zu verstehn, auch wenn sie nicht Nachkommen des Überlebenden, z. B. Kinder aus der ersten Ehe des Verstorbenen, sind.

b) Das geltende Recht gibt dem Gatten sein Erbteil immer zu Eigentum, nicht mehr zu Fruchtgenuß, doch wird er testamentarisch häufig auf den Fruchtgenuß gesetzt.

c) Die Grenze des Verwandtenerbrechtes wird dem Gatten gegenüber um eine Parentel herabgesetzt, wobei die dritte — so wie sonst die vierte — mit den Stammeltern abschneidet. Neben dem Gatten erben daher Urenkel, Neffen, Großnichten; nicht aber Urgroßeltern, Onkel und Tante, Geschwisterkinder.

2. Eine sonderbare Regelung trifft § 757, I, 2. Leben nicht alle Großeltern — und das wird die Regel sein! —, wohl aber Nachkommen verstorbener Großeltern, so erhält der Gatte auch den Anteil, der auf diese Nachkommen entfallen wäre. Auf solche Weise kann sein Erbteil bis auf 7/8 steigen.

Personen, die selbst nicht erbberechtigt sind, beeinflussen hier die Anteile der Erbberechtigten. Analoges begegnet uns beim Pflichtteilsrecht: Nicht Pflichtteilsberechtigte beeinflussen den Pflichtteil der Berechtigten; s. u. § 25. Inkonsequenterweise wächst der Anteil des Gatten nicht, wenn die vorverstorbenen Großeltern keine Nachkommen hinterlassen haben.

3. Nach § 757, I, 3 muß sich der Gatte anrechnen lassen, was ihm durch Ehepakt oder Erbvertrag aus dem Vermögen des Erblassers zukommt; s. u. § 20 B.

II. Vorausvermächtnis
§ 758

Wir unterscheiden den großen und den kleinen „Voraus".

1. Der *große Voraus* betrifft alle „zum ehelichen Haushalt gehörenden beweglichen Sachen". Dazu gehören jene Dinge nicht, die dem Erwerb oder Beruf eines Gatten dienen (vgl. § 674): die Einrichtung der Anwaltskanzlei; die ärztliche Ordination; die Bibliothek des Gelehrten; der Lieferwagen, zum Unterschied vom gemeinsam benützten PKW. Die Mietwohnung gehört nicht zum Voraus. Nach § 1116 a können bei Tod des Mieters seine Erben (und nicht nur der Ehegatte!) kündigen. Auch § 19, II, Z. 11 MG. schützt das Wohnbedürfnis nicht nur des überlebenden Gatten, sondern auch gewisser naher Verwandter, die schon bisher mit dem Erblasser in gemeinsamem Haushalt wohnten. Die gemeinschaftlich gemietete Wohnung kann nach § 4, II der 1. KündigungsschutzDV. von 1939 der überlebende Ehegatte kündigen.

2. Neben Kindern des Erblassers gebührt dem Gatten nur der sogenannte *kleine Voraus,* der sich auf das „für seinen eigenen Bedarf Nötige" beschränkt.

Ob hier Kinder im engeren oder im weiteren Sinn, d. h. alle Nachkommen zu verstehen seien, ist streitig. § 42 spricht dafür, den Ausdruck im weiteren Sinn zu verstehn; § 757: „Kinder und deren Nachkommen", gebraucht ihn im engeren Sinn. Die richtige Lösung dürfte sein, den Gatten auch gegenüber entfernteren Nachkommen, wenn sie im gemeinsamen Haushalt erzogen wurden, auf den kleinen Voraus zu beschränken.

3. Der Voraus ist ein gesetzliches Voraus*vermächtnis.* Daher ist darauf Vermächtnisrecht anzuwenden. Eine Haftung für Nachlaßverbindlichkeiten ist damit nicht verbunden. Pflichtteile sind ohne Rücksicht auf den Voraus zu bemessen (§ 786). Der Gatte kann den Erbteil ausschlagen und den Voraus annehmen oder umgekehrt. Ist dagegen der Gatte enterbt oder erbunwürdig, hat er wohl keinen Anspruch auf den „außer dem Erbteil" gebührenden Voraus.

4. Der Voraus ist ein *Voraus*vermächtnis: Der Ehegatte ist in bezug auf ihn nur als Legatar zu betrachten (§ 648).

5. So wie der Erbteil ist auch der Voraus des Ehegatten nicht zwingenden Rechtes; der Erblasser könnte ihn durch andere Verfügung entziehen.

III. Auflösung der Ehe

1. Das gesetzliche Gattenerbrecht setzt voraus, daß die Ehe bei Tod des Erblassers aufrecht ist. Ist sie geschieden, aufgehoben oder vernichtet, besteht kein gesetzliches Erbrecht.

So § 1266, letzter Satz, denn die Trennung (= Lösung dem Bande nach) entspricht der heutigen Scheidung. § 759, I bezieht sich dagegen nur auf die Scheidung früheren Rechtes, d. i. die von Tisch und Bett, die das Eheband und daher grundsätzlich auch das Erbrecht bestehn ließ, außer wenn der Gatte aus seinem Verschulden geschieden war (Gedanke der Erbunwürdigkeit). § 759, I gilt nur für die vor dem 1. 8. 1938 geschiedenen Ehen; für sie aber auch, wenn die Scheidung von Tisch und Bett gemäß § 115 EheG. in eine Scheidung neuen Rechtes, d. i. dem Bande nach, umgewandelt wurde.

2. Wohl aber hat der schuldlos Geschiedene nach § 78, I und II EheG. — Analoges gilt für Aufhebung und Nichtigerklärung — einen Unterhaltsanspruch gegen die Erben des verstorbenen Gatten. Hingegen erlischt die Beitragspflicht nach § 68 EheG. bei Scheidung aus beiderseitigem Verschulden mit dem Tode des Verpflichteten (§ 78, III EheG.).

3. § 759, II (heutige Fassung nach § 59, I der 1. DV. zum EheG.) regelt den Fall, daß „der Erblasser zur Zeit seines Todes auf Scheidung oder Aufhebung gemäß dem Ehegesetz zu klagen berechtigt war und die Klage erhoben hatte“, das Verfahren aber noch nicht rechtskräftig abgeschlossen war. Noch weiter zurück greift § 7 der 5. DV. zum EheG.: „Ist ein Ehegatte, der berechtigt gewesen wäre, auf Scheidung der Ehe wegen Verschuldens zu klagen, vor Erhebung der Scheidungsklage gestorben, ohne sein Recht auf Scheidung verloren zu haben.“ In beiden Fällen kann Scheidung oder Aufhebung nicht mehr ausgesprochen werden, weil die Ehe mit dem Tod gelöst ist. Wohl aber kann der Staatsanwalt Feststellung beantragen, daß das Scheidungsbegehren gerechtfertigt und der überlebende Gatte als schuldig anzusehen wäre. Dann verliert er (zum Unterschied von 1. also nur der Schuldige!) das gesetzliche Erbrecht.

IV. Reformpläne

Das Erbteil des Ehegatten soll erhöht werden: neben Kindern $^1/_3$, neben Eltern und deren Nachkommen und neben Großeltern $^2/_3$. Der Ehegatte soll künftig ein Pflichtteil in der Höhe der Hälfte des gesetzlichen Erbteiles erhalten. Der Voraus soll ihm zusätzlich kraft zwingenden Rechtes zustehn. Der Anspruch auf mangelnden anständigen (künftig: angemessenen) Unterhalt bleibt subsidiär bestehn.

V. Beispiele

Siehe Anhang B und C

§ 7. Sondererbfolge

A. Anerbenrecht

I. Entwicklung

Ein mittlerer Bauernhof kann nur eine Familie erhalten. Daher ist es in großen Teilen Österreich altes bäuerliches Gewohnheitsrecht, daß der Hof ungeteilt auf einen, den Anerben, übergeht und die anderen, die Weichenden, in Geld abgefunden werden. Die Höfe stehn entweder im Alleineigentum oder im Miteigentum von Ehegatten. Vielfach nimmt der Bauer die Erbfolge vorweg, indem er bei Lebzeiten nach diesen Grundsätzen den Hof übergibt (Gutsübergabe) und sich ins Altenteil (Ausgedinge) zurückzieht.

Das ABGB. ließ das bäuerliche Recht unberührt. § 761 verweist auf die politischen Vorschriften, die die obenerwähnten Grundsätze enthielten. Der wirtschaftliche Liberalismus (Gesetz von 1868) glaubte, das bäuerliche Sonderrecht entbehren zu können; es war ein Irrweg. Das ReichsG. von 1889 brachte die Umkehr. Es galt für Höfe mittlerer Größe und gab der Landesgesetzgebung eine doppelte Ermächtigung:

a) Sie konnte, wenn die gesetzliche Erbfolge eintrat oder bei gewillkürter Erbfolge einer zum Hofübernehmer bestimmt war, Anerbenrecht einführen. Damit trug sie nur der bäuerlichen Erbgewohnheit Rechnung, ohne den Bauern in seiner Verfügungs- (auch Teilungs-) freiheit unter Lebenden wie von Todes wegen zu beschränken.

b) Sie konnte darüber hinaus die Verfügung, besonders die Teilung beschränken.

Nur Tirol, Kärnten und Böhmen bedienten sich der Ermächtigung. Während sich jedoch Kärnten und Böhmen (LG. von 1903) mit der Ermächtigung zu a) begnügten, machte Tirol, das — seiner Tradition getreu — die alten Rechtsvorschriften immer beibehalten hatte, von beiden Ermächtigungen Gebrauch. Das Tiroler LG. von 1900 (noch in Kraft!) ordnet an, daß alle Veränderungen an Bestand und Umfang von geschlossenen Höfen der Bewilligung der Höfebehörde bedürfen. Der Eigentümer eines solchen Hofes kann zwar den Hof veräußern (eine Schranke hat inzwischen das Grundverkehrsrecht aufgerichtet) und belasten, er kann auch den Erben frei bestimmen oder die Nachfolge bei Lebzeiten durch Gutsübergabe regeln; er kann aber den Hof weder unter Lebenden noch von Todes wegen teilen. Daher die Bezeichnung geschlossener Hof, die rechtlich, durchaus nicht immer auch räumlich, zu verstehen ist. Für die Erbfolge gilt Anerbenrecht. Geschlossene Höfe sind die alten Höfe des theresianischen Steuerkatasters, aber auch über Antrag neue Höfe. Sie sind aus der Höfeabteilung (Abteilung I) des Grundbuches zu ersehen.

Das 1938 in Österreich eingeführte Reichserbhofrecht mußte das Tiroler Höferecht bestehn lassen. 1945 wurde das Reichserbhofrecht wieder aufgehoben, dafür mit Gesetz vom 21. 5. 1958 das Anerbenrecht — nicht die Teilungsbeschränkung! — auch in den andern österreichischen Ländern eingeführt, doch blieb das Tiroler und Kärntner Höferecht in Geltung. Vorarlberg, wo stammesbedingte, z. T. andere Erbsitten herrschen, ist weiterhin vom Anerbenrecht ausgenommen.

II. Geltendes Anerbenrecht

Die Darstellung der Grundzüge des Anerbenrechtes kann sich an das AnerbenG. halten, das auf den Bestimmungen des Tiroler und Kärntner Höferechtes aufbaut.

1. Das Anerbenrecht gilt für mittlere Bauernhöfe. Das sind Höfe, die

a) im Alleineigentum einer natürlichen Person oder im Eigentum von Ehegatten stehn *und*

b) mindestens einen zur angemessenen Erhaltung einer bäuerlichen Familie von fünf erwachsenen Personen ausreichenden, jedoch das siebenfache dieses Ausmaßes nicht übersteigenden Durchschnittsertrag haben (§ 1).

Ähnlich das Kärntner und Tiroler Höferecht, doch ist in Tirol die Eintragung in die Höferolle maßgebend und sind geschlossene Höfe auch solche alten Höfe, die unter der Mindestgrenze bleiben.

2. Die Verfügung unter Lebenden und von Todes wegen ist, in den vom ABGB. durch das Pflichtteilsrecht gezogenen Grenzen, frei; nur in Tirol ist die Teilung geschlossener Höfe verboten.

Das Anerbenrecht betrifft also zunächst die gesetzliche Erbfolge, d. h. den Fall, daß der Bauer weder den Hof bei Lebzeiten übergeben noch über ihn von Todes wegen verfügt hat. Hat der Erblasser durch Verfügung von Todes wegen den Hof einem Erben übermacht, wobei er in der Auswahl frei ist, so genießt dieser dieselben Vorteile wie der Anerbe kraft Gesetzes (§§ 8, 9).

3. Beim Ehegattenhof ist gesetzlicher Erbe der überlebende Gatte (§ 4). Nach Tiroler und Kärntner Höferecht aber nur, wenn der Verstorbene keine Nachkommen hinterlassen hat.

4. Steht der Hof im Alleineigentum, gilt die allgemeine Parentelenordnung mit folgenden Abweichungen (§ 3):

a) 1. Parentel: Legitimierte Kinder (gleichgültig, ob durch nachfolgende Ehe oder Ehelicherklärung) stehn den ehelichen gleich. Uneheliche Kinder reihen in der mütterlichen Linie nach den ehelichen; in der väterlichen erben sie ja nicht. Leibliche Kinder — also auch die unehelichen in der mütterlichen Linie! — gehn Wahlkindern vor. Sind Kinder aus mehreren Ehen vorhanden und stammt der Hof von einem Gatten des Erblassers, gehn die Kinder aus dieser Ehe vor. Kinder sind nach § 42 ABGB. alle Abkömmlinge.

b) Der Ehegatte reiht nach den Kindern, einschließlich der Wahlkinder, vor allen übrigen Verwandten; vgl. aber oben, 3.

c) 2. und fernere Parentelen: Die Erben jener Seite haben den Vorzug, von welcher der Hof stammt (Schoßfall).

d) Sind nach diesen Regeln mehrere Miterben berufen (z. B. mehrere Kinder, Enkel neben Kindern) und einigen sie sich nicht auf einen Hofübernehmer, so gehn Gradnähere den ferneren (z. B. Kinder den Enkeln) vor. Unter Gleichnahen männliche den weiblichen; unter Gleichnahen desselben Geschlechtes (z. B. mehrere Söhne) entscheidet nach dem in der Gegend geltenden Brauch Ältesten- oder Jüngstenrecht, im Zweifel Ältestenrecht. Ob ein Brauch besteht und welcher, kann das Justizministerium durch VO. verbindlich feststellen.

e) Anerbenunfähig ist (§ 5), wer voll oder beschränkt entmündigt, sonst wegen schwerer geistiger oder körperlicher Gebrechen zur Bewirtschaftung offenbar unfähig, verschwenderisch oder trunksüchtig oder mehr als zwei Jahre nachrichtenlos abwesend ist (Krieg und Kriegsgefangenschaft ausgenommen). Das Verlassenschaftsgericht hat einen solchen von der Übernahme des Hofes auszuschließen, aber nur, wenn in derselben Parentel, z. B. unter den andern Nachkommen, ein fähiger Anerbe vorhanden ist.

f) Hat der Berufene zur Zeit des Erbanfalles schon einen Erbhof, muß er auf Antrag eines Miterben derselben Parentel zugunsten des Nächstberufenen zurückstehn (§ 6).

5. *Begünstigung des Anerben.* Dem Gerechtigkeitssinn des Bauern widerspricht es, unter mehreren Kindern eines zu begünstigen. Der Hofübernehmer könnte aber nicht bestehn und der Hof würde leiden, wenn die nach dem wahren Wert des Hofes berechneten Erbteile den Miterben ausgezahlt werden müßten. Um das zu vermeiden und doch die formelle Gleichheit unter den Miterben zu wahren, schlug das bäuerliche Gewohnheitsrecht, dem das Gesetz (§§ 10, 11) folgt, einen eigenartigen Weg ein. Das Verlassenschaftsgericht weist dem Anerben den Hof zu einem begünstigten Übernahmspreis zu. Er ist mangels Einigung so zu bestimmen, „daß der Anerbe wohl bestehn kann". Darin liegt die verdeckte, beträchtliche Begünstigung des Anerben. Anstelle des Hofes ist der Übernahmspreis in die Verlassenschaft einzusetzen, die nunmehr unter den Miterben nach den Regeln des bürgerlichen Rechtes verteilt wird. Der Anerbe hat somit die Weichenden in Geld abzufinden. Die Zahlung kann in Raten mit entsprechendem Aufschub erfolgen, doch müssen die Abfindungsansprüche hypothekarisch sichergestellt werden (§ 12). Minderjährige Abkömmlinge des Erblassers haben das Recht auf Unterhalt und Erziehung (§ 13). Außerdem besteht gewohnheitsrechtlich im Fall der Not der Anspruch auf Heimatzuflucht. Der überlebende Ehegatte, der nicht Anerbe ist, erhält das Ausgedinge (§ 14). Die Versorgungsrechte der §§ 13 und 14 werden verbüchert (§ 15). Ist der Anerbe minderjährig, kann die Erbteilung zwischen ihm und seinen Geschwistern aufgeschoben werden (§ 16). Auch der Pflichtteilsberechnung ist der Übernahmspreis zugrundezulegen (§ 17). Darin und im Aufschub der Auszahlung oder in der Ratenzahlung liegt eine Beschränkung des Pflichtteilsrechtes. All das gilt nicht der Person des Anerben, sondern der Erhaltung des Hofes. Verkauft der Anerbe binnen sechs Jahren den Hof oder wesentliche Teile, kann der Mehrerlös einer Nachtragserbteilung unterzogen werden (§ 18).

6. Eine dem Anerbenrecht nachgebildete Sondererbfolge enthält das noch in Österreich gültige *Reichsheimstättengesetz* für Wohn- und Wirtschaftsheimstätten, d. s. Einfamilienhäuser mit Nutzgarten oder landwirtschaftliche oder gärtnerische Anwesen, die eine Familie ohne ständige fremde Arbeitskraft bewirtschaften kann.

B. Gesetzliche Erbfolge nach Geistlichen

Die recht unübersichtliche Regelung durch Hofdekrete aus der zweiten Hälfte des 18. und der ersten Hälfte des 19. Jahrhunderts ergibt in den Grundzügen:

1. Bei römisch-katholischen Weltgeistlichen wird der Nachlaß dreigeteilt:

Sind sie auf einem Benefizium bleibend angestellt, fällt 1/3 den Armen, 1/3 den Verwandten, 1/3 der Kirche zu. Sonst fällt auch das Kirchendrittel den Verwandten zu.

2. Für griechisch unierte Weltgeistliche gilt dasselbe. Hinterlassen sie aber eine Witwe oder Kinder, tritt die allgemeine gesetzliche Erbfolge ein.

3. Dies gilt auch für andere Weltgeistliche, z. B. Militärgeistliche, Geistliche anderer Bekenntnisse.

4. Ordensgeistliche unterstehn für jenes Vermögen, das sie vor Ablegung der feierlichen Gelübde besaßen — nachher sind sie erwerbsunfähig —, der allgemeinen gesetzlichen Erbfolge. Nur nach den Mitgliedern des Deutschritterordens und des Malteserordens hat der Orden ein gesetzliches Erbrecht, muß aber allfälligen Noterben den Pflichtteil entrichten.

Über die Testierfähigkeit der Ordensgeistlichen s. u. § 10 B.

C. Familienfideikommiß

Die Familienfideikommisse sind mit 1. 1. 1939 aufgehoben und nach 1945 nicht wieder hergestellt worden.

§ 8. Erbloser Nachlaß
§§ 726, 760

1. Der Nachlaß wird erblos, nicht nur wenn Erben fehlen, sondern auch wenn die eingesetzten oder gesetzlichen Erben nicht Erben werden können oder wollen, d. h. ausschlagen.

Das kann entweder den ganzen Nachlaß oder einen Teil betreffen, falls dieser Teil nicht andern Erben anwächst.

2. Nach § 726 Schlußsatz werden bei erblosem Nachlaß „die *Legatare* verhältnismäßig als Erben betrachtet". Das ABGB. will damit dem vermutlichen Willen des Erblassers so nahe wie möglich kommen. Die Legatare sind nunmehr berufen und haben die Erbserklärung abzugeben; sie können daher auch die Erbschaft ausschlagen und sich die Vermächtnisse vorbehalten.

3. Erst wenn auch dieses Mittel versagt, „fällt die Verlassenschaft als ein erbloses Gut dem *Staate* anheim" (§ 760).

Daß erblose Verlassenschaften dem Staate zufallen, ist altes Recht, spielt aber eine geringe Rolle. Von 6000 untersuchten Erbfällen geschah es bei 270, von denen aber 266 armutshalber abgetan wurden, also finanziell uninteressant waren. Das ABGB. ist, was das Erben des Staates betrifft, außerordentlich zurückhaltend. Es würde aber auch wenig helfen, dieses Recht des Staates auf Kosten entfernter Verwandter auszudehnen, weil der Erblasser dann vermutlich anderweitig verfügen würde. So zieht der Staat vor, sich in Form von Steuern und Gebühren an jedem Erbe zu beteiligen.

4. Der Staat ist nach ABGB. — anders DBGB. — nicht Erbe, sondern nur heimfallsberechtigt. Nach einem Hofdekret von 1835 muß zuerst

ein Ediktsverfahren die Erblosigkeit feststellen. Dann kann die Verlassenschaft „von dem Fiskus sogleich eingezogen werden". Es wird also keine Verlassenschaftsabhandlung gepflogen, keine Erbserklärung abgegeben und nicht eingeantwortet. Da der Staat nicht als Erbe gilt, soll er auch nicht Erbeserbe, Transmissar sein können; s. u. § 17 B 4.

Immerhin enthält auch der Heimfall eine Gesamtnachfolge, und der Staat haftet für Vermächtnisse und Schulden; da er jedoch stets mit Inventar übernimmt, nur bis zur Höhe des Nachlasses. Urheberrechte gehn auf ihn über (§ 23 UrhRG.), nicht aber Patentrechte (§ 18 PatG.) und Ansprüche aus Lebensversicherung (§ 167, III VVG.).

5. Natürlich kann der Staat auch zum Erben eingesetzt werden.

§ 9. Gewillkürte Erbfolge. Grundlagen und Entwicklung

A. Grundlagen

1. Zum Unterschied von der gesetzlichen Erbfolge beruht die gewillkürte auf dem Willensakt des Erblassers (vgl. gesetzliche und gewillkürte Stellvertretung). Dieser Willensakt kann entweder Erbeinsetzung oder Anordnung von Vermächtnissen enthalten. Wir heißen ihn *Verfügung von Todes wegen* zum Unterschied von Verfügungen und Geschäften unter Lebenden, weil die Wirkung erst mit dem Tod des Erblassers, nur für Überlebende und nur für den Nachlaß eintritt. In der Verfügung unter Lebenden ist der Erblasser dadurch nicht beschränkt. Er kann Gegenstände, ja sein ganzes Vermögen entgeltlich oder unentgeltlich veräußern. Nachlaß ist eben nur, was jeweils beim Tod des Erblassers vorhanden ist. Der eingesetzte Erbe hat vorher weder ein Recht noch eine Anwartschaft, sondern eine bloße Aussicht. Erbrecht, genauer gesagt Erbanwartschaft, entsteht erst mit dem Tod des Erblassers (§§ 536, 1252).

Ein Zwischending zwischen Geschäften unter Lebenden und denen von Todes wegen bilden Schenkung und Auftrag auf den Todesfall; s. u. § 23.

2. Verfügungen von Todes wegen sind *höchstpersönlich:*

a) Es gibt bei ihnen keine gesetzliche oder gewillkürte Stellvertretung.

b) Der Erblasser kann die Bestimmung des Erben nicht einem Dritten überlassen (§ 564), doch kann er einem Dritten auftragen, die Würdigkeit einer Person zu beurteilen oder darüber zu entscheiden, ob sie die vom Erblasser gesetzte Bedingung erfüllt.

c) Der Erblasser kann nicht einem Dritten einen Erben setzen; auch nicht seinem testierunfähigen Kind (Pupillarsubstitution des römischen Rechtes). Damit ist die Nacherbeinsetzung nicht zu verwechseln: Der Nacherbe ist Erbe des Erblassers, nicht des Vorerben; er erbt daher nur das Vermögen des Erblassers, nicht das des Vorerben (§ 609).

3. Es gibt zwei Arten der Verfügung von Todes wegen: *Testament* und *Erbvertrag;* Testament ist die einseitige (letztwillige), Erbvertrag die zweiseitige Verfügung.

a) Als Verfügungen von Todes wegen lassen Testament und Erbvertrag (§ 1252) dem Erblasser unter Lebenden freie Hand.

b) Als einseitige Verfügung bindet das Testament den Erblasser auch von Todes wegen nicht; er kann es einseitig widerrufen, es gilt immer sein *letzter* Wille. – Der Erbvertrag bindet als Vertrag den Erblasser von Todes wegen; er kann nicht einseitig davon abgehn, der Erbvertrag kann nur einverständlich aufgehoben werden.

c) Somit läßt das Testament dem Erblasser freie Hand sowohl unter Lebenden als auch von Todes wegen; der Erbvertrag zwar unter Lebenden, nicht aber von Todes wegen.

d) Eine Übergangsform ist das gemeinschaftliche Testament; s. u. § 13 C.

4. Das ABGB. übernahm vom römischen Recht die Unterscheidung *Testament und Kodizill,* d. i. letzter Wille mit und ohne Erbeinsetzung (§ 553). Im Sprachgebrauch heißt aber jeder letzte Wille Testament, und für das Kodizill gelten dieselben Bestimmungen, ausgenommen die Auslegungsregeln zweifelhaften Wertes der §§ 713, 714.

5. *Sinn und Zweck der Verfügung von Todes wegen* ist die Erstrekkung der Verfügungsfreiheit über den Tod hinaus. Sie dient in erster Linie dem Interesse des Erblassers: er kann Liebe belohnen, Lieblosigkeit bestrafen. Sie dient mittelbar regelmäßig dem Familieninteresse, weil der Erblasser dadurch den Bedürfnissen des Einzelfalles in den Grenzen des Pflichtteilsrechtes gerecht werden kann.

Beispiele: Alle Kinder sind versorgt, bis auf eines, das sich nicht selbst erhalten kann. – Das Unternehmen soll nicht geteilt werden. – Begünstigung des Ehegatten, damit er nicht von den Kindern abhängt oder weil er miterwerben half.

Von 6000 untersuchten Erbfällen wiesen nur 819 einen letzten Willen und nur acht einen Erbvertrag auf. Von den Testamenten bekräftigten 150 nur das gesetzliche Erbrecht, 400 ordneten eine andere Verteilung unter den gesetzlichen Erben an (das schon dem römischen Recht bekannte Verteilungstestament), 200 beriefen nicht gesetzliche Erben, blieben aber immer im Kreise der Angehörigen. Entspricht das gesetzliche Erbrecht nicht dem Rechtsbewußtsein, schwillt die Zahl der Verfügungen von Todes wegen an; so im römischen Recht. Ähnlich bei uns die vorweggenommene Erbfolge durch Gutsübergabe, weil das Erbrecht des ABGB. bäuerlichem Rechtsbewußtsein und Bedürfnis nicht entsprach.

B. Entwicklung des Testamentes

„Mein letzter Wille“ – das sagt alles: Mein Wille ist maßgebend und er überlebt mich, verewigt sich gleichsam. Je größer die Testierfähigkeit, desto größer die individuelle Verfügungsmacht. Zugleich ist das Testament Gradmesser für die Eigentumsfreiheit: Woran Privat- (Individual-, Sonder-) eigentum besteht, darüber kann man testieren; besteht kein Sondereigentum, gibt es auch kein Testament. So erlaubt die Entwicklung des Testamentes Rückschlüsse auf die Entwicklung des Eigentums – darauf, ob zuerst Gemeingut bestanden hat oder ob es immer schon Privateigentum gegeben bzw. wann es sich ausgebildet hat.

1. Die älteste Testamentsform des römischen, germanischen und anderer arischer Rechte, das sogenannte *Adoptionstestament,* ist kein Testament in unserm Sinne. – Trotz des Kinderreichtums konnten die häufigen Kriege eine

Familie aussterben lassen. Waren die Söhne gefallen und der Vater zu alt, konnte er sich künstlich durch Adoption Nachkommen verschaffen, die seine Person und die Familie fortsetzten. Die Volksversammlung mußte diesem Akt zustimmen.

2. Sonst gilt der Satz: Der Erbe wird geboren, nicht gekoren. Wir können daraus schließen, daß Grund und Boden, Haus und Hof samt Zubehör offenbar noch der Verfügung entzogenes Familiengut waren.

3. Die eigentliche Wurzel des Testamentes in unserm Sinn ist das *Vermächtnistestament.* Hier verfügt der Erblasser, unbeschadet der gesetzlichen Erbfolge in das Familiengut, in privater Form über die ihm persönlich gehörige Fahrhabe (Heergeräte, Seelgeräte) und über persönliche Gewaltrechte (manus, munt, Bestellung eines Vormundes für Frau und Kind). Wir können daraus schließen, daß sich das Privateigentum, wie es naheliegt, zuerst an den Gegenständen persönlichen Bedarfes entwickelte.

4. Das private Vermächtnistestament (in Wahrheit ein Kodizill) entwickelt sich Hand in Hand mit dem Fortschreiten des Privateigentums zum Erbeinsetzungstestament. So entsteht das *Manzipationstestament* des römischen Rechtes in der Form des Kaufes nummo uno vor Zeugen. Käufer ist der familiae emptor, der als Treuhänder beim Tod des Erblassers den Nachlaß den Erben herauszugeben hat. Kern des Testamentes ist die nuncupatio des Erblassers, in der er seinen Letzten Willen kundtut — inhaltlich einseitige Erklärung in Form des Vertrages. Später sinkt der familiae emptor zum Zeugen unter Zeugen herab. Damit entsteht das heute noch weit verbreitete mündliche oder schriftliche Zeugentestament (testamentum von testis = Zeuge!).

5. Die alte öffentliche Form des Adoptionstestamentes stirbt ab. Erst viel später und unter ganz andern Aspekten treten neben die private Form des Zeugentestamentes neue *öffentliche Testamente,* d. h. einer Amtsperson gegenüber abgegebene Erklärungen. Auch sie bestehn heute noch.

6. Zu allen Zeiten haben Erblasser auch formlos Wünsche geäußert — in der Erwartung, daß ihnen entsprochen werde. Das römische Recht hat später die sittliche Verpflichtung solcher *fidei commissa* zu einer Rechtspflicht gesteigert und sogar eine Erbeinsetzung auf so formlose Weise zugelassen (Universalfideikommiß). Dem geltenden Recht ist das fremd. Die im Mittelalter entstandenen Familienfideikommisse, die eine Bindung des Familiengutes über Generationen hin bezweckten, wurden in Österreich 1938 aufgehoben und 1945 nicht wieder in Kraft gesetzt.

7. Zur Entwicklung des Testamentes hat von jeher begreiflicherweise das *Soldatentestament* beigetragen. Seine älteste Form war das testamentum in procinctu. Ob es Adoptionstestament (öffentliche Erklärung vor dem Heer als dem Volk in Waffen) oder formloses privates Vermächtnistestament vor Kameraden war, ist zweifelhaft. Später war das Soldatentestament formerleichtert, ja seit TRAJAN völlig formlos: „quo modo volent ... sufficiatque nuda voluntas." Das Soldatentestament ist wie das Seuchentestament ein außerordentliches Testament, d. h. nur im Notfall anwendbar, und zum Unterschied vom ordentlichen Testament mit begrenzter Geltungsdauer.

8. Wichtig für die Entwicklung ist auch das *testamentum inter liberos,* das das Erbe nur unter den Nachkommen anders verteilt. Hier tritt zum ersten Mal die Form des schriftlichen, eigenhändigen, datierten Testamentes auf. In West-Rom anerkennt eine Novelle Valentinians III. 446 n. Ch. das eigenhändige (holographe) Testament dann allgemein. Diese einfachste Form dürfte von dort in das französische Recht übergegangen sein und ist dann vom Code Civil übernommen worden.

9. Das *eigenhändige Testament* (eh. T.) war auch dem älteren österreichischen Recht bekannt, Zeiller wollte es ins ABGB. nicht aufnehmen. Tatsächlich kann diese bequeme Form unüberlegte und unberatene Testamente zur Folge haben. Als er jedoch überstimmt wurde, trat er — und das zeigt seine Größe — für eine grundlegende Neuerung ein. Der CC. verlangte nicht nur eigenhändige Nieder- und Unterschrift, sondern auch eigenhändige Datierung; ihm folgten das BGB., SchwZGB. und der Codice Civile. Die Folge war die Ungültigkeit ernstgemeinter Testamente und viel Streit, wenn das Datum nicht oder nur zum Teil eigenhändig war (Briefpapier mit Vordruck Berlin) oder wenn irrtümlich ein falsches Datum eingesetzt wurde (ein Selbstmörder hatte seinem Leben am 14. ein Ende gesetzt; in der Tasche fand sich ein irrtümlich auf den 15. datiertes Testament). Das alles vermied das ABGB. durch die Bestimmung des § 578: „Die Beisetzung des Tages, des Jahres und des Ortes, wo der letzte Wille errichtet wird, ist zwar nicht notwendig, aber zur Vermeidung der Streitigkeiten rätlich."

10. Das *TestamentsG.* von 1938 hatte das Testamentsrecht des ABGB. außer Kraft gesetzt. Unter anderm ließ es, so wie schon das BGB., das private Zeugentestament nur als ao. Testamentsform bestehn. Es übernahm aber die Regelung des ABGB. über die Datierung, die nunmehr ins BGB. übergegangen ist. 1947 wurde das Testamentsrecht des ABGB. wiederhergestellt.

11. Reduzierte schon das eh. T. die Form auf ein Mindestmaß, so bestimmte § 3a der ErgänzungsVO. 1943 zum Gesetz über die freiwillige Gerichtsbarkeit und andere Rechtsangelegenheiten in der Wehrmacht für das *Soldatentestament*, daß das Fehlen der eigenhändigen Unterschrift oder des eigenhändigen Textes unschädlich sei, „wenn mit Sicherheit anzunehmen ist, daß das Testament den letzten Willen des Erblassers zuverlässig wiedergibt". Den letzten, u. U. für die weitere Entwicklung entscheidenden Schritt tat § 3c dieser Verordnung: „Der Gültigkeit einer letztwilligen Verfügung steht das Fehlen jeglicher Form nicht entgegen, wenn der Erblasser zu der Verfügung durch eine unmittelbare Todesgefahr, in der er sich befand oder zu befinden glaubte, veranlaßt ist und die urkundliche Festlegung nach den Umständen unmöglich oder ihm nicht zuzumuten war."

Damit kehrte man für das Soldatentestament zum Gedanken voller Formlosigkeit zurück, d. h. man stellte nicht mehr auf die äußere Form, sondern auf das innere Kriterium der Echtheit ab. Ebenso das englische Soldatentestament.

12. *Zusammenfassung.* Die Vergangenheit gehörte dem feierlichen Zeugentestament, dem Testament im wahren Sinn des Wortes. Die Gegenwart gehört dem unfeierlichen, zeugenlosen eh. T., das seinen Namen nicht mehr verdient. Wird die Zukunft — so wie beim Fideikommiß des römischen Rechtes und beim Soldatentestament — dem formlosen letzten Willen gehören?

§ 10. Erfordernisse und Auslegung der Verfügungen von Todes wegen

A. Allgemeines

I. Erfordernisse

Das Testament unterliegt grundsätzlich denselben Voraussetzungen wie andere Rechtsgeschäfte: Fähigkeit der Person, mangelfreier Wille, erlaubter und möglicher Inhalt, vorgeschriebene Form. Diese Voraussetzungen sind aber dem besondern Charakter des Aktes angepaßt, die allgemeinen Vorschriften über Verträge und Rechtsgeschäfte (§ 865 ff.) durch Sondervorschriften weitgehend ausgeschlossen. Auch die Auslegung wird bei Testamenten vor besondere Aufgaben gestellt.

Der Erbvertrag hat als Vertrag grundsätzlich dieselben Voraussetzungen wie andere Verträge, unterliegt aber auch nach § 1249, 2 den für die letztwillige Verfügung geltenden Sondervorschriften. Wie weit das eine, wie weit das andere, ist eine im Gesetz nicht immer geklärte, de lege ferenda nicht völlig gelöste Frage; s. u. § 13 B III.

II. Wirkung von Mängeln

1. Das ABGB. bezeichnet letztwillige Erklärungen, denen eine der genannten Voraussetzungen fehlt, als ungültig. Das ist nicht als terminus technicus aufzufassen, bedeutet insbesondere nicht Nichtigkeit; s. Allgemeiner Teil des bürgerlichen Rechtes.

2. Das Abhandlungsgericht hat vielmehr einen letzten Willen — und dasselbe gilt für den Erbvertrag — als gültig anzusehn, wenn er von einer als testierfähig anzusehenden Person herrührt und der äußeren Form gerecht wird. Wer ihn umstoßen will (§ 1487), d. h. mangelnde Testierfähigkeit, Willensmangel, unmöglichen oder unerlaubten Inhalt oder entgegen dem äußeren Schein dennoch unterlaufenen Formmangel behauptet, wird auf den Klageweg verwiesen (Erbrechtsklage). Beschreitet er ihn nicht, ist weiter auf Grund des letzten Willens/Erbvertrages abzuhandeln. Wer sich auf eine äußerlich nicht formgerechte Erklärung stützt, z. B. auf ein zerschnittenes Testament, wer bei einem Geisteskranken oder Entmündigten einen lichten Zwischenraum behauptet, muß seinerseits klagen. Ein letzter Wille/Erbvertrag, auf Grund dessen eingeantwortet wurde, kann durch die Erbschaftsklage umgestoßen werden.

3. Das Recht, einen letzten Willen/Erbvertrag umzustoßen, verjährt in drei Jahren. Die Verjährung beginnt nach hL. und Praxis mit der Kundmachung; richtiger ist es, sie mit der Annahme der sich darauf stützenden Erbserklärung beginnen zu lassen, weil der Anfechtungsberechtigte vorher nicht weiß, ob die anfechtbare Erklärung der Abhandlung zugrunde gelegt werden wird.

4. Die Umstoßung kann den ganzen letzten Willen/Erbvertrag, im Zweifel aber nur die vom Mangel betroffene Anordnung ergreifen.

5. Die äußerlich mangelfreie, an einem inneren Mangel leidende Erklärung kann somit gültig bleiben, wenn sie nicht innerhalb der Verjährungsfrist umgestoßen wird. Es steht aber auch nichts entgegen und kommt oft vor, daß die Beteiligten den Willen des Erblassers anerkennen, obwohl er an einem Formgebrechen leidet. Dann ist er der Abhandlung als gültig zugrunde zu legen.

III. Konversion

Konversion ist Aufrechterhaltung eines mangelhaften Rechtsgeschäftes durch Umdeutung in ein anderes, dessen Voraussetzungen es erfüllt; s. Allgemeiner Teil. So, wenn eine Verfügung von Todes wegen zwar nicht die beabsichtigte, doch eine andere Form erfüllt, z. B. ein formmangelhaftes schriftliches Testament die Form eines mündlichen Zeugentestamentes; ein formmangelhaftes öffentliches Testament die eines privaten. Ob ein öffentliches Testament als privates weitergilt, wenn der Erblasser es aus der Verwahrung des Gerichtes/Notares an sich nimmt, ist nicht so sehr eine Frage der Konversion als der Auslegung; s. u. § 12 D 2c.

Die Konversion kann nicht nur Formmängel heilen. So kann ein ungültiger Erbvertrag ein gültiges Testament (§ 1250), eine endgültige Schenkung auf den Todesfall ein gültiges Vermächtnis (§ 956, 1) sein. § 1253 verbietet zwar die Umdeutung des Erbvertrages für das freie Viertel in ein Testament, hindert aber nicht, daß in derselben Urkunde ausdrücklich das freie Viertel testamentarisch zugewendet wird.

IV. Auslegung der Verfügungen von Todes wegen

Zwar ist die Frage der Auslegung den Verfügungen von Todes wegen mit allen Rechtsgeschäften gemeinsam, doch sind die Auslegungsregeln verschieden.

1. Bei Verfügungen von Todes wegen ist oberster Grundsatz, den Willen des Erblassers zu erforschen. Die den *Willensgrundsatz* aufstellende Regel des § 655 ist nicht auf Vermächtnisse zu beschränken.

2. Nichts anderes besagt der *favor testamenti.* Liegt eine überlegte, bestimmte und freie, formgerechte Verfügung von Todes wegen vor, so wollte der Erblasser, daß sie soweit als möglich wirkungsvoll sei; insbesondere wenn anzunehmen ist, daß ihre Geltung dem Willen des Erblassers immer noch mehr entspricht als die sonst eintretende gesetzliche Erbfolge.

3. Ist eine in einer Verfügung von Todes wegen enthaltene Anordnung hinfällig, sollen die übrigen gemäß dem vermutlichen Willen des Erblassers nach Möglichkeit aufrecht bleiben; vgl. § 878, 2.

4. Ist freilich die Form nicht eingehalten, so ist der Wille des Erblassers ungültig, auch wenn an seiner Ernstlichkeit und Echtheit kein Zweifel besteht (§ 601).

5. Zum Verständnis der Verfügung von Todes wegen können auch andere Umstände herangezogen werden. § 582, 2 ordnet das ausdrücklich für schriftliche Bemerkungen an, auf die das Testament verweist; es gilt aber auch ohne solche Verweisung für schriftliche und mündliche Äußerungen des Erblassers. Das testamentum mysticum wäre freilich ungültig (§ 582, 1; s. u. § 11 A 2).

6. Der Wille des Erblassers bestimmt sich zunächst nach den Verhältnissen zur Zeit der Testamentserrichtung; aber nicht ausschließlich, denn die Verfügung will ja in die Zukunft wirken. Ändern sich die Verhältnisse und hat der Erblasser sie nicht gekannt oder zwar gekannt, aber nicht bedacht, so muß *ergänzende (hypothetische) Auslegung* ermitteln, was er für diesen Fall mutmaßlich angeordnet hätte. Ist der eingesetzte Sohn inzwischen gestorben, so ist anzunehmen, daß der Erb-

lasser dessen Kinder hätte bedenken wollen. So § 779; es handelt sich weder um Transmission noch um gesetzliches Erbrecht, sondern um stillschweigend berufene Ersatzerben. Dasselbe gilt, wenn von mehreren eingesetzten Kindern eines unter Hinterlassung von Nachkommen stirbt. War der Eingesetzte kein Nachkomme des Erblassers, gibt es keine allgemeine Regel.

Wie schwierig hypothetische Auslegung sein kann, zeigt der alte Schulfall: „Gebiert meine Frau ein Kind und ist es ein Knabe, soll er $^2/_3$ und meine Frau $^1/_3$ erhalten; ist es ein Mädchen, soll es $^1/_3$ und meine Frau $^2/_3$ erhalten." Die Frau gebiert nach dem Tod des Erblassers Zwillinge, und zwar einen Knaben und ein Mädchen.

7. Auslegung ist nicht nur bei privaten, sondern auch bei öffentlichen Testamenten erforderlich.

8. Die Auslegungsregeln gelten auch für den Erbvertrag, nur ist dort auf den gemeinsamen Willen beider abzustellen.

9. Die gesetzlichen Auslegungsregeln (§§ 554–559, 614, 655–683) sind zum Teil zweifelhaften Wertes und nur mit der Maßgabe anwendbar, daß der Gegenbeweis eines andern Willens des Erblassers angetreten werden kann. Bloße Auslegungsregeln sind auch die über die Anwachsung (§§ 560–563); s. u. § 19 C.

10. Die Auslegung gehört zur rechtlichen Beurteilung, unterliegt daher der Revision.

V. Bedingung, Befristung, Auflage

Bedingung, Befristung und Auflage kommen bei den Verfügungen von Todes wegen zwar besonders oft, aber auch bei den Rechtsgeschäften unter Lebenden häufig genug vor. Das ABGB. enthält Bestimmungen darüber sowohl im Erbrecht (§§ 695–712) als auch bei den Verträgen und Rechtsgeschäften (§ 897 ff.). Zweckmäßigerweise sind sie einheitlich im Allgemeinen Teil des bürgerlichen Rechtes zu behandeln.

B. Testierfähigkeit

Testierfähigkeit ist ein Sonderfall der Geschäftsfähigkeit, nämlich die Fähigkeit, letztwillige Verfügungen zu treffen. Sie muß zur Zeit der Errichtung des letzten Willens gegeben sein. Später eintretende Unfähigkeit macht das Testament nicht ungültig (§ 575), später eintretende Fähigkeit es nicht gültig (§ 576).

1. *Voll testierfähig* ist man mit vollendetem 18. Lebensjahr (§ 569, 5). Die Altersgrenze ist gegenüber der für die allgemeine Geschäftsfähigkeit herabgesetzt, weil es bei den Verfügungen von Todes wegen keine Stellvertretung gibt.

2. *Testierunfähig* sind:

a) Unmündige (d. h. Personen bis zum vollendeten 14. Lebensjahr; § 569, 1).

b) Geisteskranke, Geistesschwache und Sinnesverwirrte (Volltrunkene), wenn im Zeitpunkt der Errichtung die volle Besonnenheit mangelte (§§ 566, 567 und Marginalrubrik dazu). Danach kommt es auf die Art der geistigen Erkrankung an und sind lichte Zwischenräume (lucida intervalla) zu beachten, müssen aber bewiesen werden; für die allgemeine Geschäftsfähigkeit werden sie dagegen nicht anerkannt.

c) Vollentmündigte (§ 3 EntmO.); lichte Zwischenräume sind auch bei ihnen zu beachten; str.

d) Ordenspersonen, die feierliche Gelübde abgelegt haben, mit den in § 573 und in Hofdekreten genannten Ausnahmen.

e) Die Testierunfähigkeit von Verbrechern (§ 574) und unbefugten Auswanderern hat das Staatsgrundgesetz von 1867 beseitigt.

3. *Beschränkt testierfähig* sind:

a) Mündige Minderjährige (d. h. Personen vom vollendeten 14. bis zum vollendeten 18. Lebensjahr; § 569, 2—4).

b) Wegen Geisteskrankheit oder Geistesschwäche beschränkt Entmündigte (§ 4, II EntmO.); lichte Zwischenräume sind zu beachten; str.

Diese Personen können nur mündlich vor Gericht oder vor einem Notar testieren. Diese Testamentsform ist für sie zugelassen, weil es bei den letztwilligen Verfügungen keine Stellvertretung gibt. Gericht und Notar müssen sich davon überzeugen, ob die letztwillige Verfügung „frei und mit Überlegung" geschah. Sie müssen ihre Beobachtung dem Protokoll beischließen.

c) Von anderer Art ist die Beschränkung der Testierfähigkeit für Personen, die wegen Verschwendung, Trunksucht oder Mißbrauch von Nervengiften beschränkt entmündigt sind (§ 6 EntmO.). Sie können zwar in jeder beliebigen Form, aber nach § 568 nur über die Hälfte des Nachlasses verfügen. Da § 568 die andere Hälfte den gesetzlichen Erben vorbehält, entfällt die Beschränkung, wenn solche fehlen (der Staat zählt nicht zu ihnen!). Widerrufen können diese Personen ein Testament — auch ein vor der Entmündigung errichtetes — zur Gänze (§ 718, 2).

C. Willensmängel

Wieder ist zu beachten, daß — anders als bei den Verkehrsgeschäften — bei den Verfügungen von Todes wegen (und ebenso bei den unentgeltlichen Geschäften, vgl. § 901, 3) weder der Erklärungs- noch der Vertrauens-, sondern der *Willensgrundsatz* gilt.

§ 565 faßt unter der Überschrift „Die Erklärung muß überlegt, bestimmt und frei sein" die Erfordernisse für einen mangelfreien Willen zusammen:

1. „*Bloße Bejahung* eines ihm gemachten Vorschlages" durch den Erblasser genügt nicht, weil dabei etwas suggeriert werden oder ein Mißverständnis unterlaufen kann.

2. „Im Zustande der vollen *Besonnenheit.*" Das wurde bei der Testierfähigkeit behandelt; s. o., B, 2 b und 3 b.

3. „Mit Überlegung und Ernst." Zweifel an der *Ernstlichkeit* können entstehn, wenn sich der Erblasser einer unverbindlichen Ausdrucksweise bedient; wenn fraglich ist, ob ein fertiges Testament oder nur ein Konzept, z. B. zur Information des Notars, vorliegt.

Die Gefahr ist beim eh. T. am größten. Dem Erblasser ist zu raten, daß er den Charakter seiner Erklärung als Testament deutlich zu erkennen gebe. Es genügt nicht, daß er kundtut, er plane ein Testament mit folgendem Inhalt zu errichten; er muß hic et nunc testieren wollen. Lieber etwas zuviel als zuwenig tun! Dem Richter ist umgekehrt zu empfehlen, so auszulegen, daß nach Möglichkeit ein echter und ernster Wille des Erblassers — Formgültigkeit vorausgesetzt! — respektiert werde. Lieber zuwenig als zuviel verlangen!

Mentalreservation wäre — anders als bei Verkehrsgeschäften — zu beachten, jedoch schwer zu beweisen (str.). Auch ein *Scheinerbvertrag* ist nicht völlig auszuschließen; er wäre nichtig.

4. „Frei von *Zwang und Betrug*" muß die letztwillige Erklärung sein, sonst ist sie ungültig. Anders als bei Verkehrsgeschäften ist jeder Zwang ungerecht, und es ist gleichgültig, von wem der Zwang oder Betrug ausgeht.

5. „Frei von wesentlichem *Irrtum*" (§ 570 ff.). Wesentlich ist der Irrtum, wenn der Erblasser bei Kenntnis der Sachlage die Verfügung nicht getroffen hätte. § 570, 2 nennt als Hauptbeispiele den Irrtum in der Person und im Gegenstand, wozu jeweils auch die wesentlichen Eigenschaften gehören: „Erbe ist mein Sohn Franz." — es stellt sich heraus, daß er nicht sein Sohn ist. Rechtsirrtum ist beachtlich: Erblasser hält die Gattin für pflichtteilsberechtigt. Falsa demonstratio non nocet (§ 571): Erblasser verwechselt die Namen der Enkel, doch ist erweislich, welchen er meinte.

Unterschiede gegenüber dem Irrtum bei Verkehrsgeschäften:

a) Es fehlt die Einschränkung des § 871, daß „der Irrtum durch den andern veranlaßt war oder diesem aus den Umständen offenbar auffallen mußte oder noch rechtzeitig aufgeklärt wurde".

b) Bei Verfügungen von Todes wegen ist auch der Motivirrtum zu beachten, wenn erweislich ist, „daß der Wille des Erblassers einzig und allein auf diesem irrigen Beweggrunde beruht hat" (§ 572).

c) Kein Ersatz des Vertrauensschadens.

Die §§ 777, 778 treffen für den Spezialfall der irrtümlichen Übergehung von Kindern eine Sonderregelung; s. u. § 14 C II 2b.

D. Unmöglicher oder unerlaubter Inhalt

Aus den Vorschriften über unmögliche und unerlaubte Bedingungen und Auflagen (§§ 698, 700, 712) ergibt sich, daß unmögliche oder unerlaubte (unsittliche) Verfügungen von Todes wegen ungültig sind; die §§ 878, 879 gelten auch für sie (str.). Dem Willensgrundsatz entsprechend macht nicht nur unerlaubter Zweck, sondern auch unerlaubter Beweggrund, wenn er — wofür die Beweislast den Behauptenden trifft —

der einzige ist (§ 572), die Verfügung von Todes wegen ungültig. Ob die Bedenkung der Geliebten auf Kosten naher Angehöriger sittenwidrig ist, kann nur im Einzelfall beurteilt werden. Man darf dabei nicht übersehn, daß die Testierfreiheit nur in den Grenzen des Pflichtteilsrechtes beschränkt werden sollte.

§ 11. Testamentsform. Überblick, Zeugen

A. Überblick

1. Das Testament muß in einer der vom Gesetz vorgesehenen Formen errichtet sein.

Testament	privates			öffentliches
	eigenhändig	fremdhändig		
	schriftlich		mündlich	schriftlich, mündlich
ordentliches (mit unbegrenzter Geltungsdauer)	578	579—584	585, 586	gerichtlich, notariell 587—590
außerordentliches (in Notfällen, begrenzte Geltungsdauer)		Schiffs- und Seuchentestament 597—599		
	Soldatentestament 600			
	zeugenloses Testament	Zeugentestament 591—596		

2. Die Formvorschrift kann nicht dadurch umgangen werden, daß ein formgültiges Testament sich auf eine formlose Erklärung, „einen Zettel“ (§ 582, 1) bezieht, sogenanntes *testamentum mysticum.*

§ 582, 2 bestimmt: „Außerdem können dergleichen von dem Erblasser angezeigte schriftliche Bemerkungen nur zur Erläuterung seines Willens angewendet werden.“ Das ist unklar. Soll „außerdem“ heißen: Wenn die bezogene Urkunde nicht die Testamentsform erfüllt, so höbe das die Anordnung des Satzes 1 zum Großteil wieder auf, indem die formlose Verfügung als Erläuterung dem formellen, aber inhaltslosen Testament den Inhalt geben würde. Richtigerweise heißt „außerdem“ daher: wenn die bezogene Urkunde selbst keine letztwillige Verfügung enthält. Andere Daten kann sie enthalten, z. B. Vermögensaufstellung, Aufzählung der Vorempfänge, worauf der Erblasser im Testament verweist.

Ein formgültiges Testament bestimmte u. a.: „Ich habe meinen Freunden Vermächtnisse zugedacht und meinen Schmuck mit Zetteln versehen, die die Namen der Bedachten tragen.“ Die Zettel müßten eigenhändig geschrieben und unterschrieben sein, befand der OGH.

B. Zeugen

1. Bei allen Testamenten, privaten wie öffentlichen, mit Ausnahme des eigenhändigen, kommen Zeugen vor. Die Zeugen müssen zugezogen werden, d. h. mit Willen des Erblassers und mit ihrem eigenen am Akte mitwirken. Sie müssen fähig und dürfen nicht befangen sein.

2. *Unfähige Zeugen* sind (§ 591):

a) Personen vor vollendetem 18. Lebensjahr; bei Nottestamenten vor vollendetem 14. Lebensjahr (§ 597); bei Notariatsakt vor vollendetem 20. Lebensjahr (§ 57, I NotO.);

b) Sinnlose. Das ist wie in § 566 zu verstehn, d. h. Personen können nicht Zeugen sein, die ein Zeugnis abzugeben unvermögend sind, auch wenn sie nicht völlig von Sinnen sind. Andererseits nimmt die Entmündigung als solche die Zeugenfähigkeit nicht;

c) Blinde, Taube, Stumme;

d) Personen, die die Sprache des Erblassers, d. h. die Sprache, in der der Erblasser seinen Willen kundgibt, nicht verstehn.

Unfähigkeit hat Ungültigkeit der Verfügung zur Folge.

3. *Befangen* ist nach § 594, wem in der zu bezeugenden Verfügung ein Erbteil oder Vermächtnis zugeteilt ist sowie dessen „Gatte, Eltern, Kinder, Geschwister oder in eben dem Grade verschwägerte Personen und die besoldeten Hausgenossen" (sc. des Bedachten, nicht des Erblassers!). Dasselbe gilt für Richter und Notar beim öffentlichen Testament (§ 596). JN. § 20 zieht den Kreis der nahen Angehörigen weiter, während beim Testamentschreiber § 595 wieder die besoldeten Hausgenossen ausläßt.

Die Umgrenzung des Kreises der befangenen Zeugen ist leider nicht eindeutig. Sind Eltern und Kinder (Schwiegereltern und -kinder) im engeren oder im weitern Sinne des § 42 zu verstehn? Bleibt Gatte auch der aus gelöster Ehe? Dieselbe Frage erhebt sich bei der Schwägerschaft. Ist auch ein Verlobter befangener Zeuge? Was versteht man unter besoldeten Hausgenossen — auch den Hausmeister, die Bedienerin?

Die Befangenheit macht die Verfügung nicht zur Gänze ungültig, sondern nur „in Rücksicht des ihm (sc. dem Befangenen) zugedachten Nachlasses". Die nicht unbedenkliche Folge ist, daß vier Befangene ein Testament gültig bezeugen können, indem jeweils drei die Bedenkung des Vierten bezeugen (§ 594, 2).

§ 12. Testamentsformen. Widerruf von Testamenten

A. Eigenhändiges Testament

§ 578

Nach statistischen Untersuchungen stellt, vor allem in der Stadt, das eh. T. die weit überwiegende Testamentsform dar. Darunter sind freilich viele Testamente, die nur unter den gesetzlichen Erben anders verteilen.

Zu beachten ist, daß die wegen mangelnden Alters, Geisteskrankheit oder -schwäche beschränkt Testierfähigen sich des eh. T. nicht bedienen können; s. o., § 10 B 3.

Das eigenhändige Testament besteht wie jede Urkunde aus Text, Unterschrift und Datum.

1. Der *Text* muß eigenhändig, d. h. vom Erblasser mit eigener Hand geschrieben sein. Grund: Prüfung der Identität, Vermeidung der Gefahr von Fälschung und Verfälschung. Schreibmaschine genügt nicht. Mit fremder Hand geschriebene Teile sind ungültig, doch bleiben eigenhändige Partien gültig, wenn sie für sich allein einen Sinn geben. Mit fremder Hand oder mit Maschine geschriebene Testamente benötigen die Erfordernisse des fremdhändigen Zeugentestamentes; s. u. B.

Weitere Formerfordernisse sind für den Text nicht aufgestellt. Daher ist gleichgültig,

a) worauf (Papier, Tafel, Holz, Wand) und womit (Feder, Blei, Griffel, Kreide, Nagel) geschrieben wird;

b) mit welcher Schrift (Kurzschrift, Blindenschrift);

c) in welcher Sprache (Latein).

Das Hfkzld. von 1814, wonach Urkunden in hebräischer oder jüdischer Sprache oder Schrift nichtig sind, und die Hfde. von 1842 und 1846, wonach solche Namensfertigungen auf einer in der Landessprache im Inland ausgestellten Privaturkunde als Handzeichen anzusehen sind, haben ihre Geltung durch art. 66, III des Staatsvertrages von St. Germain und art. 6 des Staatsvertrages von 1955, die Diskriminierungen auf Grund der Rasse, des Geschlechtes, der Sprache oder Religion verbieten, verloren.

2. Eigenhändige *Unterschrift;* wie § 578 sagt: „mit seinem Namen unterfertigen".

a) der *Name* kann der volle Vor- und Familienname, nur der Familien- oder nur der Vorname, auch der Ledigname sein. Für genügend erachtet man auch die Verwandtschaftsbezeichnung (Dein Vater), einen Spitznamen (Deine Poppa), die Unterzeichnung mit Anfangsbuchstaben.

b) *Unterfertigen* heißt normalerweise, die Unterschrift ans Ende setzen, so daß sie das Vorhergehende deckt. Jedenfalls muß sie als Akt der Vollendung und Bekräftigung erscheinen. Daher genügt Namensnennung, z. B. in der Einleitung (Ich, F. G.), nicht.

Der Erblasser sollte darauf achten, daß begründete Zweifel an der Ernstlichkeit nicht entstehen. Die Unterzeichnung mit Anfangsbuchstaben kann z. B. für ein bloßes Konzept sprechen. Auch hiebei hat die Auslegung nach den oben in § 10 A IV angegebenen Grundsätzen das letzte Wort.

3. *Datierung* ist nicht Gültigkeitserfordernis. Sie kann daher fehlen, mangelhaft, irrig und muß nicht eigenhändig sein. Mangelnde oder mangelhafte Datierung kann jedoch die Gültigkeit in Frage stellen, wenn es auf den Zeitpunkt der Errichtung ankommt: War der Erblasser, der jetzt geisteskrank ist, bei Errichtung testierfähig? Welches Testament ist das spätere? Vgl. § 715; s. u. D 2 a.

4. Mag man eine Form noch so einfach gestalten, ja bis zur Grenze der Formlosigkeit gehn — solange ein Rest von Form bleibt, muß ein Rest von *Formgefahr* in Kauf genommen werden.

So ist nach geltendem Recht ein letzter Wille auf Tonband auch bei unbestreitbarer Echtheit ungültig. Ungültig ein Testament ohne Unterschrift: W. öffnet den Gashahn und beginnt ihr Testament zu schreiben: „Mein letzter Wille. Mein Mann hat mich verlassen, daher nehme ich mir das Leben. Was ich besitze, gehört meiner Schwester." Man findet W. tot, die Feder noch in der Hand, die letzten Worte des Testamentes schon undeutlich, Unterschrift fehlt. Der Mann erbt nach dem Gesetz die Hälfte des Vermögens. — Anders, wenn ein formgültiges Testament durch Zufall vernichtet wird (§ 722): M. legt sein eh. T. einem Rechtskundigen zur Begutachtung vor, der es in Ordnung befindet. Am nächsten Tag fällt M. einem Bombenangriff zum Opfer, der auch das Testament vernichtet. Wer sich auf das Testament beruft, wird durch den Zeugen den Inhalt beweisen müssen.

B. Das private Zeugentestament

Wie oben ausgeführt, gab das private Zeugentestament dem Institut den Namen. Inzwischen ist das zeugenlose Testament an seine Seite getreten — im ABGB. stehn beide nebeneinander —, hat das Zeugentestament zurückgedrängt, ja das BGB. kennt es nur noch als Nottestament. Das galt kraft des TestamentsG. vom 3. 11. 1938 ab auch in Österreich. 1947 wurde das österreichische Testamentsrecht und damit das private Zeugentestament als ordentliche Testamentsform wiederhergestellt. Zweifellos bestand — besonders bei der ländlichen Bevölkerung — ein Bedürfnis nach dieser Testamentsform. Doch ist nicht zu übersehn, daß die vorgeschriebenen Erfordernisse viele Fußangeln enthalten, die oft zu Anfechtung und Streit führen; s. u. I, 7.

Das private Zeugentestament kann *schriftlich oder mündlich* sein.

I. Schriftliches Zeugentestament (fremdhändiges Testament) §§ 579–581

1. Zum Unterschied vom eigenhändigen Testament ist hier nicht eigenhändige Niederschrift verlangt; daher auch allographes, im Gegensatz zum holographen Testament. Das Testament kann von der Hand eines andern oder mit Maschine geschrieben sein oder solche Zusätze enthalten.

2. Unerläßlich ist auch hier — so wie bei der Schriftform unter Lebenden (vgl. § 886) — die eigenhändige Unterfertigung, von der dasselbe wie oben, A 2, zu gelten haben wird. Nicht erwähnt ist die Datierung, die auch hier rätlich erscheint.

3. Der Erblasser muß „vor drei fähigen Zeugen, wovon wenigstens zwei zugleich gegenwärtig sein müssen, ausdrücklich erklären, daß der Aufsatz seinen letzten Willen enthalte".

4. „Endlich müssen sich auch die Zeugen . . . auf der Urkunde selbst . . . mit einem auf ihre Eigenschaft als Zeugen hinweisenden Zusatz unterschreiben."

5. § 581, 2 sagt ausdrücklich, daß der Testamentschreiber zugleich Zeuge sein kann, womit eine alte Streitfrage bereinigt ist.

6. Kann der Erblasser nicht schreiben oder lesen — gleich, ob wegen Krankheit oder Unkundigkeit —, treffen die §§ 580, 581 Vorsichtsmaßnahmen: Kann er nicht schreiben, muß er in Gegenwart aller Zeugen das

Handzeichen beisetzen; sein Name soll, muß aber nicht hinzugefügt werden. Kann er nicht lesen, muß ein Zeuge (nicht der Testamentschreiber!) in Gegenwart der andern, die den Inhalt eingesehen haben, das Testament dem Erblasser vorlesen, der den Inhalt als seinen Willen bekräftigen muß.

7. Das schriftliche Zeugentestament enthält viele Fußangeln, und immer wieder kommen Fälle vor, in denen zwar einerseits mehr als die verlangte Form gesetzt, andererseits aber doch ein Formerfordernis übersehn wurde.

Auch sind die Formvorschriften nicht in allem klar. Das beginnt bei der Abgrenzung des Kreises der befangenen Zeugen; s. o., § 11 B 3. Auch kann die Ungültigkeit wegen Befangenheit eintreten, ohne daß die Zeugen bzw. der Richter oder Notar darum wissen, da sie den Inhalt des Testamentes ja nicht immer kennen müssen (§ 579, 4). Zweifelhaft ist, ob der Erblasser auch nach der Bekräftigung durch die Zeugen unterfertigen kann; ob für die ausdrückliche Erklärung des Erblassers allgemein angenommene Zeichen, z. B. Kopfnicken (§ 863), genügen; ob die von § 581 verlangte Einsichtnahme durch die andern Zeugen Mitlesen verlangt oder nur eine gewisse Kontrolle oder nur die Möglichkeit dazu, selbst wenn davon kein Gebrauch gemacht wird. Daß die Zeugen den Erblasser persönlich kennen, ist nicht gefordert (Testament auf Reisen), wohl aber, daß sie „zu bestätigen fähig sind, daß in der Person des Erblassers kein Betrug oder Irrtum unterlaufen sei" (§ 585 gilt nicht nur beim mündlichen, sondern auch beim schriftlichen Zeugentestament; vgl. den Fall des Giovanni Schicchi, der sich für den eben verstorbenen Erblasser ausgibt und testiert). Eine Unterschrift, bei der die Hand geführt wurde, sah man als genügend an. Zum Unterschied vom Erblasser ersetzt bei den Zeugen das Handzeichen die Unterschrift nicht. Entgegen dem Wortlaut und Sinn der Bestimmung verlangt die Praxis weder daß der Zusatz „als Zeuge" von jedem Zeugen gesondert noch daß er eigenhändig erfolge.

II. Mündliches Zeugentestament §§ 584–586

Die Kraft des mündlichen Testamentes beruht einzig und allein auf der Aussage der Zeugen. Sterben sie oder versagt ihr Gedächtnis, wird auch ein gültig errichtetes mündliches Testament hinfällig. Darin liegt die Schwäche dieser Testamentsform, die aber unentbehrlich ist, wenn der schreibensunfähige oder -unkundige Erblasser nicht mehr die Möglichkeit hat, Gericht oder Notar in Anspruch zu nehmen.

1. Wie beim schriftlichen Zeugentestament braucht es drei Zeugen, die „zu bestätigen fähig sind, daß in der Person des Erblassers kein Betrug oder Irrtum unterlaufen sei".

2. Anders als beim schriftlichen Zeugentestament müssen alle drei Zeugen zugleich gegenwärtig sein.

3. Der Erblasser muß seinen Willen erklären. Er kann ihn auch von einem Aufsatz ablesen oder das von einem andern Vorgelesene Absatz für Absatz bestätigen. Auf diese Weise kann u. U. auch ein mangelhaftes schriftliches Zeugentestament als mündliches aufrechterhalten werden.

4. „Es ist zwar nicht notwendig, aber vorsichtig, daß die Zeugen entweder alle gemeinschaftlich oder ein jeder für sich zur Erleichterung des

Gedächtnisses die Erklärung des Erblassers entweder selbst aufzeichnen oder, sobald als möglich, aufzeichnen lassen."

5. Die drei Zeugen oder, wofern einer von ihnen nicht eidlich vernommen werden kann, z. B. gestorben ist, wenigstens zwei müssen auf Verlangen eines Interessenten den letzten Willen eidlich übereinstimmend bestätigen, sonst ist er unwirksam.

III. Begünstigte (außerordentliche, Not-) Testamente

Nottestamente tragen gewissen Notlagen dadurch Rechnung, daß sie Formerleichterungen gewähren, haben aber nur begrenzte Geltungsdauer. Die Nottestamente sind private Zeugentestamente.

1. *Fälle:*

a) Das Schiffstestament (§ 597), zunächst für Reisende zur See gedacht, kann auch angewendet werden, wenn Reisende auf Binnengewässern oder in Flugzeugen in Lebensgefahr geraten.

b) Das Seuchentestament gilt „in Orten, wo die Pest oder ähnliche ansteckende Seuchen herrschen" (§ 597). Unter ähnlichen ansteckenden Seuchen sind solche mit akuter Lebensgefahr zu verstehn. ‚Herrschen' bedeutet nicht bloß sporadisches, sondern epidemisches Auftreten.

c) Unser Gesetz enthält keine Begünstigung für Soldaten-(Militär-) testamente: § 600 ist derzeit gegenstandslos.

d) Das Gesetz beschränkt sich auf die genannten Notfälle, so daß die Form des Nottestamentes in andern Notfällen, z. B. Berg- oder Verkehrsunfall, nicht angewendet werden kann. Eine allgemeinere Fassung wäre geboten.

2. *Begünstigung.* Bei Nottestamenten tritt die Zeugenfähigkeit schon mit vollendetem 14. Lebensjahr ein. Es sind nur zwei Zeugen nötig, von denen einer auch das Testament schreiben kann. Auch diese zwei müssen bei Ansteckungsgefahr nicht zugleich anwesend sein. In Kontumazanstalten isolierte Kranke können sogar ohne jede Förmlichkeit, aber nicht zugunsten der dortigen Angestellten, testieren (Hfkzld. 1837).

3. *Geltungsdauer.* Nottestamente verlieren ihre Kraft, wenn der Erblasser nicht binnen sechs Monaten nach Ende des Notstandes stirbt (§ 599).

C. Öffentliche Testamente

§§ 587–590

Öffentliche Testamente werden vor dem Richter oder Notar errichtet oder ihm übergeben und dadurch öffentliche Urkunden (§ 292 ZPO.), wodurch die Vermutung der Echtheit begründet wird (§ 310 ZPO.). Öffentliche Testamente sind auch das ordentliche Militärtestament vor einem Militärrichter (derzeit nicht anwendbar) und das Testament vor dem Konsul (vgl. KonsulargebührenG. 1952, Tarifpost 19).

Testamente vor Gericht oder Notar haben gleiche Kraft und im wesentlichen gleiche Voraussetzungen:

1. Ein örtlich zuständiger Richter/Notar (§ 589, 1); außerhalb seines Amtsbezirkes kann er ein öffentliches Testament nicht aufnehmen. Dagegen ist der Erblasser nicht auf das Gericht/den Notar seines Wohn- oder Aufenthaltsortes beschränkt; er kann zum Mann seines Vertrauens gehn (Territorialitäts-, nicht Personalitätsprinzip; vgl. ordinarius loci, nicht ordinarius proprius bei Eheschließung).

2. Eine weitere, eidlich verpflichtete Gerichtsperson/assistierender Notar oder an ihrer Stelle zwei Zeugen (§ 589, 1 und 2).

3. Alle diese Personen müssen die Eigenschaften fähiger Testamentszeugen besitzen (§ 596).

4. In Notfällen (Krankheit) darf der Akt auch in der Wohnung des Erblassers (§ 590), immer aber nur im Amtsbereich des Richters/Notars vorgenommen werden.

5. Der Erblasser kann vor Gericht/Notar *schriftlich oder mündlich* testieren (§ 587, 1). Beim schriftlichen öffentlichen Testament überreicht der Erblasser persönlich — Stellvertretung ausgeschlossen! — dem Richter/Notar eine fertige, schriftliche, eigenhändig unterfertigte Willenserklärung; auf das letzte Erfordernis ist der Erblasser besonders aufmerksam zu machen (§ 587, 2 und 3). Beim mündlichen öffentlichen Testament gibt er vor Gericht/Notar seine mündliche Erklärung ab (§ 588). In beiden Fällen ist darüber ein Protokoll aufzunehmen, von den unter 1 und 2 Genannten zu unterzeichnen, zu versiegeln und gegen Empfangschein in amtliche Verwahrung zu nehmen (§ 587, 3, § 588).

6. Beim öffentlichen notariellen Testament ist es unbequem, einen zweiten Notar oder zwei Zeugen beiziehen zu müssen, die nach § 57 NotO. nicht Kanzleibedienstete des Notars sein dürfen. Daher ziehen die Notare vor, ein privates Testament zu errichten, bei dem ihre Kanzleibediensteten als Zeugen fungieren können. Minderjährige, die das 18. Lebensjahr noch nicht zurückgelegt haben, können sich dieser Form freilich nicht bedienen (§ 569).

D. Widerruf von Testamenten

Widerruflichkeit ist ein Wesensmerkmal der letztwilligen Erklärung. Der Erblasser kann weder auf den Widerruf verzichten noch ihn beschränken. Eine solche sog. *derogatorische Klausel* ist nichtig (§ 716). Darin liegt der Unterschied zwischen Testament und Erbvertrag. Auch das gemeinschaftliche Testament ist einseitig widerruflich, selbst wenn es wechselseitig oder wechselbezüglich ist. Im letzten Fall bewirkt der Widerruf der einen Verfügung nur, daß die wechselbezügliche mit erlischt.

1. Der Erblasser kann ein Testament *ausdrücklich* nur in Testamentsform widerrufen (§ 717), doch haben alle Testamentsformen gleiche Kraft (§ 719). Daher kann z. B. ein öffentliches Testament mittels eines eigenhändigen widerrufen werden; ein ordentliches auch mittels eines Nottestamentes, jedoch nur mit begrenzter Geltungsdauer, da dann wieder die ordentliche Testamentsform eingehalten werden müßte; str. Auch ein Widerruf des Widerrufs ist möglich; er setzt das widerrufene Testament

wieder in Kraft. Die sonstigen Voraussetzungen für Testamente (Testierfähigkeit, mangelfreier Wille usw.) gelten auch für den Widerruf. Der entmündigte Verschwender kann kraft ausdrücklicher Vorschrift zwar nicht über den ganzen Nachlaß testieren (§ 568; s. o., § 10 B 3 c), aber seinen letzten Willen — auch einen vor der Entmündigung errichteten — zur Gänze widerrufen (§ 718, 2). Einen vor der Entmündigung errichteten, dann widerrufenen letzten Willen wird er aber durch Widerruf des Widerrufs nicht wieder in Kraft setzen können, da er damit entgegen § 568 positiv über seinen gesamten Nachlaß verfügen würde.

2. So wünschenswert es der Klarheit halber wäre, daß der Erblasser in gehöriger Form seinen letzten Willen aufhebt, kann das Gesetz nicht umhin, auch die Fälle zu bedenken, in denen die Aufhebung *durch konkludente Handlung* erfolgt:

a) Der Erblasser errichtet ein *neues Testament.* Auch wenn er darin das früher errichtete nicht aufhebt, ist zu vermuten, daß das neue an die Stelle des alten Testamentes treten soll, „dafern der Erblasser in dem letztern nicht deutlich zu erkennen gibt, daß das frühere ganz oder zum Teil bestehen solle“ (§ 713). Ein späteres Kodizill soll jedoch laut § 714 das frühere nur aufheben, soweit es damit in Widerspruch steht. Beides sind bloße Auslegungsregeln.

Läßt sich auf keine Weise feststellen, welche letztwillige Verfügung die spätere ist, soll nach § 715 getrachtet werden, sie nebeneinander bestehn zu lassen.

b) Die §§ 717 und 721, 1 zählen beispielsweise (!) *Handlungen* auf, die auf Widerruf schließen lassen: absichtliche Vernichtung durch Verbrennen, Zerreißen, aber auch Durchstreichen. Nicht die Vernichtung eines von mehreren gleichlautenden Exemplaren (§ 721, 2).

Da der Nachweis selten zu führen ist, daß der Erblasser die Handlung absichtlich vorgenommen oder doch gebilligt hat, die Urkunde also nicht zufällig vernichtet, verletzt oder verloren wurde, was dem letzten Willen seine Gültigkeit nicht nimmt (§ 722), muß den Gegenbeweis antreten, wer sich auf ein solches Testament stützt. Schreibt der Erblasser eigenhändig auf ein Testament „ungültig“, müßte er strenggenommen das auch unterschreiben. Man ist aber geneigt, das auch ohne Unterschrift als stillschweigenden Widerruf so wie das Durchstreichen gelten zu lassen.

c) Liegt in der Rücknahme eines öffentlichen Testamentes aus der Verwahrung des Gerichtes/Notars sein Widerruf? Jedenfalls hört es auf, ein öffentliches Testament zu sein. Ob es noch als privates gelten soll — vorausgesetzt, daß es seine Erfordernisse erfüllt —, ist Auslegungsfrage. Da die Rücknahme eher dafür spricht, daß der Erblasser nicht daran festhalten wollte, wird der Gegenbeweis dem obliegen, der sich darauf stützt.

d) § 723. „Hat ein Erblasser eine spätere Anordnung vernichtet, die frühere schriftliche Anordnung aber unversehrt gelassen, so kommt die frühere schriftliche wieder zur Kraft. Eine mündliche frühere Anordnung lebt dadurch nicht wieder auf.“ „Vernichtet“ ist so wie in § 721 „vertilgt“ zu verstehn; s. o., b. Es handelt sich nur um entkräftbare Vermutungen.

e) Schließlich stellt § 724 eine Vermutung für, § 725 eine Vermutung gegen den stillschweigenden Widerruf von Vermächtnissen auf. Beide sind entkräftbar.

§ 13. Erbvertrag und gemeinschaftliches Testament

A. Entwicklung und Funktion

1. Erbverträge und gemeinschaftliche Testamente können nach österreichischem Recht nur Ehegatten und Brautleute — diese unter der Bedingung, daß die Ehe zustande kommt — errichten.

Für die Gatten bestimmen das die §§ 1248, 1249. Ein Hofdekret von 1817 erlaubte auch Brautleuten, Erbverträge zu schließen, „dafern die Abschließung der Ehe zwischen ihnen erfolgt". Einhellige Auffassung erstreckt das auf gemeinschaftliche Testamente zwischen Brautleuten.

2. Aus diesem Grund hat das ABGB. Erbverträge (§ 602) und gemeinschaftliche Testamente (§ 583) unter die *Ehepakten* eingereiht, obwohl das Testament kein Vertrag, daher auch kein Ehepakt ist. Der typische Fall ist, daß Ehegatten/Brautleute einander und/oder gemeinsame Nachkommen bedenken. Als Verfügung von Todes wegen lassen jedoch Erbvertrag und gemeinschaftliches Testament Verfügungen unter Lebenden frei (§ 1252). Diese rechtspolitisch nicht unbedenkliche Folge vermeidet das bäuerliche Rechtsleben. In einem einheitlichen Rechtsakt geht durch Ehepakt der Hof von den Eltern, die sich auf das Altenteil zurückziehen, auf das junge Ehepaar über, das in Gütergemeinschaft lebt; gleichzeitig wird durch Erbvertrag und gemeinschaftliches Testament Vorsorge für den Fall des Ablebens getroffen, und ein dingliches Veräußerungs- und Belastungsverbot (§ 364 c) hindert Verfügungen unter Lebenden.

3. Erbvertrag und gemeinschaftliches Testament haben dieselbe deutschrechtliche Wurzel. Dem römischen Recht war das gemeinschaftliche Testament unbekannt, und der den Willen des Erblassers bindende Erbvertrag erschien ihm als unzulässige Beschränkung der Testierfreiheit. Die romanischen Rechte lehnen den Erbvertrag heute noch ab. Im deutschen Recht des Mittelalters wurde er einerseits als Erbverzicht, besonders bei der Aussteuerung verheirateter Töchter, andererseits zur Erbeinsetzung, besonders zwischen Ehegatten, verwendet. Zwischen dem Erbeinsetzungsvertrag und dem gemeinschaftlichen, wechselseitigen Testament wurde nicht scharf unterschieden, ja das gemeine Recht deutete den Erbvertrag als gemeinschaftliches Testament, d. h. ohne Bindungswirkung. Das geltende deutsche, schweizerische und österreichische Recht anerkennen den Erbvertrag mit Bindungswirkung und das gemeinschaftliche Testament ohne solche, doch beschränkt das österreichische Recht beide auf Ehegatten und Brautleute.

B. Erbvertrag

Das ABGB. hat den Erbvertrag sehr sparsam geregelt; die Folge ist, daß bei ihm eine Reihe von Zweifelsfragen auftreten.

I. Wesen

1. Der *Erbvertrag schafft einen Berufungsgrund.* Unter den Berufungsgründen steht er nach seiner Stärke vor Testament und Gesetz an erster, nach seiner Häufigkeit hinter Gesetz und Testament an dritter Stelle.

2. Da der Erbvertrag nur einen Berufungsgrund schafft, bindet er nur den Erblasser, nicht den Vertragserben, ob er Vertragspartner oder Dritter ist. Er kann bei Erbfall auch ausschlagen oder nur mit der Rechtswohltat des Inventars annehmen (§ 803, 2). Gebunden — auch das nur von Todes wegen — ist nur der Erblasser. Oft sind freilich beide Vertragspartner Erblasser; s. u. II, 2 und 3.

3. Man hat einen Begriff des Erbvertrages i. w. S. gebildet, der den positiven (Erbvertrag i. e. S.) und den negativen (Erbverzicht) umfaßt. Während der Erbvertrag i. e. S. einen Berufungsgrund schafft, beseitigt der Erbverzicht einen solchen. Sonst haben beide nichts gemeinsam. Über Erbverzicht s. u. § 14 A.

4. Der Erbvertrag beruft i. d. R. einen Erben. Man sollte aber trotz des zu engen Wortlautes der §§ 602, 1249 auch die Zulässigkeit eines *Vermächtnisvertrages* nicht bestreiten, da ihn das Gesetz im Fall des Advitalitätsrechtes (§ 1255 ff.) ausdrücklich anerkennt und man neben dem gemeinschaftlichen Testament die Möglichkeit eines gemeinschaftlichen Kodizills mit bloßer Vermächtniseinsetzung zugibt. Schenkung und Auftrag auf den Todesfall gehören nicht hieher. Sie werden beim Vermächtnis behandelt; s. u. § 23.

5. Es ist ferner kein Grund einzusehen, weshalb in einem Erbvertrag nicht auch eine Enterbung vorgenommen werden dürfte.

6. Schließlich sind *Erbverträge zugunsten Dritter,* vor allem der gemeinsamen Kinder, sehr häufig. Die Praxis und die ältere Lehre sehen solche Bestimmungen nur als letztwillig, daher einseitig widerruflich an. Sie berufen sich auf § 1254, wonach der Erbvertrag nur „zum Nachteile des andern Gatten" nicht widerrufen werden kann. Nun ist zwar zuzugeben, daß § 1249, 1 nur den Fall im Auge hatte, daß ein Gatte den andern oder beide einander einsetzen. Für diese inhaltliche Beschränkung des Erbvertrages fehlt aber ein sachlicher Grund, und die jüngere Lehre läßt Erbverträge zugunsten Dritter mit voller Wirkung zu.

7. Der Erbvertrag ist *kein schuldrechtlicher Vertrag* (str.); er verpflichtet nicht, er bindet nur. Er ist erst recht kein dinglicher Vertrag; er gibt dem Vertragserben kein dingliches Recht und entgegen § 1252 kann der Erbvertrag nach geltendem Grundbuchsrecht nicht verbüchert werden. Der Erbvertrag ist aber auch kein Testament mit vertragsmäßigem Widerrufverzicht; er ist eben ein contractus sui generis, ein erbrechtlicher Vertrag.

II. Arten

1. *Einseitiger* Erbvertrag. — *A* setzt durch Vertrag mit *B* die *B* oder *C* als Erben ein. Einseitig heißt hier einseitige *Bindung,* da nur ein Vertragsteil, der Erblasser *A*, gebunden ist. Nicht zu verwechseln mit dem

einseitigen Rechtsgeschäft, bei dem nur eine einseitige *Erklärung* abgegeben wird.

2. *Zweiseitiger* Erbvertrag. — *A* und *B* setzen vertraglich *C* als Erben ein. Zwei Erblasser, daher zweiseitige Bindung.

3. *Wechselseitiger* Erbvertrag. — *A* und *B* setzen einander als Erben ein. Wechselseitige Erbverträge sind zugleich zweiseitig.

4. Bei zweiseitigen, besonders bei wechselseitigen Erbverträgen geht der vermutliche Parteiwille auf *Wechselbezüglichkeit,* d. h. wenn die Verfügung des einen dahinfällt, fällt auch die des andern dahin.

III. Voraussetzungen

1. Als Ehepakt unterliegt der Erbvertrag nunmehr der *Form* des Notariatsaktes, doch verlangt § 1249 zusätzlich die Erfordernisse eines schriftlichen (!) Testamentes. Der Notar wird daher einen zweiten Notar oder zwei Zeugen zuziehen müssen.

2. Was *die sonstigen Voraussetzungen* anlangt, läßt sich allgemein sagen: Für den Erbvertrag gelten die Erfordernisse für Verträge überhaupt; dazu treten kraft ausdrücklicher Vorschrift (§ 1249, 2) alle Erfordernisse eines Testamentes. Im einzelnen hat das Gesetz das nicht ausgeführt und ist vieles zweifelhaft. Z. B. Anfechtung bei Lebzeiten des Erblassers wie bei andern Verträgen (beim Testament nicht nötig, da jederzeit widerruflich), Anfechtung nach dem Tod des Erblassers wie beim Testament.

3. Wie schwierig die Normenkombination sein kann, zeigt die Bestimmung des § 1250 über die Errichtung von Erbverträgen durch *pflegebefohlene Ehegatten.* Unter Pflegebefohlenen versteht § 1250 offenbar beschränkt Geschäftsfähige. Geschäftsunfähige können ja auch keine gültige Ehe schließen.

a) Ein beschränkt Geschäftsfähiger „kann zwar die ihm versprochene unnachteilige Verlassenschaft annehmen", d. h. sich zum Erben einsetzen lassen.

Unter annehmen ist die Annahme des Vertragsantrags gemeint, nicht etwa die Antretung (Erbserklärung), die bei mangelnder Eigenberechtigung jedenfalls die Zustimmung des Gerichtes braucht. Unter unnachteiliger Verlassenschaft ist nicht etwa zu verstehn, daß sie nicht passiv sein darf, was sich ja erst bei Erbanfall herausstellt; vielmehr ist gemeint, daß der Pflegebefohlene nicht auf Rechte verzichten oder Verpflichtungen eingehn kann.

b) „Aber die Verfügung über seine eigene Verlassenschaft (d. h. daß der Pflegebefohlene einen andern zum Vertragserben einsetzt) kann, ohne Genehmhaltung des Gerichtes, nur insofern bestehn, als sie ein gültiges Testament ist." Ohne gerichtliche Genehmigung wirkt sie daher nur als (widerrufliches!) Testament, sofern sie die Testamentsform erfüllt. Aber auch mit gerichtlicher Genehmigung kann nur ein Minderjähriger über 18 Jahren die für den Erbvertrag gebotene Form eines schriftlichen Testamentes einhalten (§ 569, 2), somit vollwirksam einen andern zum Vertragserben bestimmen. Sobald der Vertragschließende eigenberechtigt wird, kann er ohne Einhaltung einer Form den Vertrag genehmigen. Bei zweiseitigen Erbverträgen zwischen einem Pflegebefohlenen und einem Eigenberechtigten entsteht ein hinkender Vertrag.

c) Wegen Verschwendung oder Mißbrauches von Nervengiften beschränkt Entmündigte können durch Erbvertrag nur über die Hälfte ihres Vermögens wovon wieder $^1/_4$ frei bleiben muß, d. h. also über $^3/_8$ verfügen.

4. *Bedingungen* in Erbverträgen sind nach der ausdrücklichen Vorschrift des § 1251 nicht nach den Bestimmungen über Bedingungen bei letztwilligen Verfügungen, sondern nach jenen über Bedingungen bei Verträgen zu behandeln. Bei Befristungen stellt sich das Problem nicht, weil § 904, letzter Satz, die Vorschriften über letzte Anordnungen auch auf Verträge und Rechtsgeschäfte überhaupt angewendet wissen will.

IV. Wirkung

1. Für die Wirkung des Erbvertrages gibt § 1253 die zwingende Vorschrift, daß *„ein reiner Vierteil"* der freien letzten Anordnung, mangels einer solchen aber der gesetzlichen Erbfolge vorbehalten bleibt. In der Praxis wird mit dem Erbvertrag durchwegs für das letzte Viertel ein gemeinschaftliches Testament verbunden, das freilich einseitig widerruflich ist.

2. § 1252 betont noch ausdrücklich, daß der Erbvertragserblasser in Verfügungen unter Lebenden nicht beschränkt ist. Nur durch ein verbüchertes Veräußerungs- und Belastungsverbot kann das für Liegenschaften erzielt werden. Auch hat der Vertragserbe — so wie ein anderer Erbe — bei Lebzeiten des Erblassers *kein veräußerliches, belastbares, vererbliches Recht.* Daher kann es auch — entgegen der älteren Praxis und den Eingangsworten des § 1252 — nicht ins Grundbuch eingetragen und kann auch nicht in Konkurs und Ausgleich sichergestellt werden.

V. Erlöschen

§ 1254, 1: „Der Erbvertrag kann zum Nachteil des andern Gatten, mit dem er abgeschlossen worden ist, nicht widerrufen, sondern nur nach Vorschrift der Gesetze entkräftet werden." Daraus ergibt sich:

1. *Einseitiger Widerruf* des Erbvertrages ist *wirkungslos.* Die Worte „zum Nachteile des andern Gatten" werden von der jüngeren Lehre nicht mehr als Einschränkung aufgefaßt; s. o., I, 6.

2. *Kraft Gesetzes* erlischt der Erbvertrag:

a) durch *Tod des Vertragserben* vor dem Erblasser, durch Erbunfähigkeit zur Zeit des Erbanfalls, durch Erbunwürdigkeit, durch Erbverzicht, durch Ausschlagung. Die Rechte der Noterben aus den §§ 777, 778 (irrtümliche Übergehung von Noterben) bestehn gegenüber dem Erbvertrag so wie gegenüber dem Testament (§ 1254, 2);

b) durch *Scheidung, Aufhebung und Nichtigerklärung der Ehe.* Doch bleibt nach § 1266, 3 dem schuldlos Geschiedenen „das Recht aus einem Erbvertrage auf den Todesfall vorbehalten", d. h. er kann die Rechte aus dem Erbvertrag geltend machen, wenn er den Schuldigen überlebt; der Schuldige kann die Erbeinsetzung nicht widerrufen. Dasselbe gilt für den überwiegend Schuldigen gegenüber dem minder Schuldigen. Die Folgen der Aufhebung sind denen der Scheidung gleich (§ 42 EheG.). Auch bei Nichtigerklärung treten für den Schuldlosen die Wirkungen der Scheidung ein, wenn er nicht die Nichtigkeitsfolgen wählt (§ 31 EheG.).

c) Ob § 121, 1 ABGB., wonach bei *Verletzung der Wartezeit* die Witwe die Rechte aus dem Erbvertrag verliert, noch gilt oder ob er durch das EheG. aufgehoben wurde, ist streitig.

C. Gemeinschaftliches Testament

I. Form

1. Daß Ehegatten „in einem und dem nämlichen Testamente" (§ 1248, 1; vgl. auch § 583: „ein und derselbe Aufsatz") testieren können, ist beim öffentlichen und privaten fremdschriftlichen Testament klar. In der Tat werden gemeinschaftliche Testamente am häufigsten in der Form des Notariatsaktes, und zwar oft als Bestandteile eines gleichzeitig geschlossenen Ehepaktes und Erbvertrages errichtet.

2. Das mündliche Zeugentestament soll hingegen nach traditioneller Lehre keine für das gemeinschaftliche Testament genügende Form sein, weil den Kern eben zwei mündliche Erklärungen bilden. M. E. besteht die unitas actus dennoch: beim mündlichen öffentlichen Testament durch das gemeinsame Protokoll, beim mündlichen privaten Testament durch die gemeinsame Bezeugung.

3. Nicht bedacht hat das Gesetz, daß die Form des eigenhändigen dem gemeinschaftlichen Testament hätte angepaßt werden müssen, da zwei Personen ein und denselben Aufsatz nicht eigenhändig schreiben und unterschreiben können. Hier muß vernünftige Auslegung eingreifen. Lehre und Praxis verlangen von jedem Gatten eine eigenhändig geschriebene und unterschriebene Erklärung, also zwei Erklärungen, auch wenn sie inhaltlich gleichlauten. Ein höchst unnatürlicher Vorgang, der gegen die Einheitlichkeit der Erklärung verstößt, die dieselbe Lehre und Praxis beim mündlichen Testament so stark betont.

Den natürlichen Ausweg, den Eheleute instinktiv beschreiten, daß ein Gatte den Text eigenhändig schreibt und beide unterschreiben, lehnen Lehre und Praxis ab. Sie scheuen sich aber — wieder nicht folgerichtig—, das ganze Testament für ungültig zu erklären und halten es, entgegen dem klaren Willen, für jenen Teil aufrecht, der den Text geschrieben und damit die Erfordernisse des eh. T. erfüllt hat. Schon das BGB. hat die Mitunterzeichnung für genügend erachtet und das TestamentsG. hat das auf Österreich erstreckt. Durch die Wiederherstellung des Testamentsrechtes des ABGB. wurde bedauerlicherweise diese ausdrückliche Bestimmung aufgehoben. Trotzdem hätte man nicht zur früheren, verfehlten Auslegung zurückkehren sollen. Umso mehr, als angesichts des Nahverhältnisses der Eheleute sachliche Bedenken daraus, daß ein Gatte den Text nicht eigenhändig geschrieben, sondern nur unterschrieben hat, nicht hergeleitet werden können und nur so die Einheitlichkeit des Rechtsaktes, die das Gesetz deutlich fordert, gewahrt werden kann.

4. Ist ein Gatte beschränkt testierfähig, hat er z. B. das 18. Lebensjahr noch nicht vollendet oder ist er sonst behindert, so muß beim gemeinschaftlichen Testament der andere Gatte sich der entsprechenden

Form unterwerfen. Andererseits nimmt er auch an der begünstigten Form teil, die für seinen Gatten gilt, z. B. beide Gatten sind in Kontumaz, aber nur einer ist erkrankt. Man läßt solche Nottestamente für beide Teile gelten, wenn auch nur einer von ihnen in der Sechs-Monat-Frist gestorben ist.

II. Widerruf

1. Zum Unterschied vom Erbvertrag kann jeder Gatte das gemeinschaftliche Testament einseitig *widerrufen.* Das gilt auch für das wechselseitige und wechselbezügliche Testament. Nach § 1248, 2 „kann aber aus der Widerrufung des einen Teiles auf die Widerrufung des andern Teiles nicht geschlossen werden". Danach ist das gemeinschaftliche Testament im Zweifel nicht wechselbezüglich, selbst wenn es wechselseitig ist — eine bedenkliche Auslegungsregel, da bei Wechselseitigkeit auch Wechselbezüglichkeit vermeint sein dürfte. Wird das wechselbezügliche Testament von einem Teil widerrufen, wird es dadurch zur Gänze hinfällig.

Beachte: Der Erbvertrag ist nicht einseitig widerruflich. Bei gemeinschaftlichen Testamenten sind beide Erklärungen einseitig widerruflich. Wird eine Erklärung widerrufen, berührt das die andere Erklärung nicht. Nur beim wechselbezüglichen Testament bewirkt der Widerruf durch eine Seite, daß auch die Erklärung des andern dahinfällt.

2. In wie engem Zusammenhang das gemeinschaftliche Testament mit der Ehe steht, zeigt, daß ein zwischen Brautleuten errichtetes hinfällig wird, wenn die Ehe nicht zustande kommt (Analogie zur condictio causa data causa non secuta). Reagiert es auch auf die *Auflösung der Ehe* analog zur condictio causa finita? Die Vorschriften über den Erbvertrag können nicht ohne weiters herangezogen werden, da er einseitig nicht widerruflich, das gemeinschaftliche Testament aber einseitig widerruflich ist.

Das BGB. stellt als Regel auf, daß das gemeinschaftliche Testament im Zweifel unwirksam werde. Im österreichischen Recht stützt sich die gegenteilige Meinung auf § 575, wonach „später eintretende Hindernisse" den rechtsgültig erklärten letzten Willen nicht ungültig machen. Das schlägt aber nicht durch, da es sich im § 575 um Ungültigkeitsgründe handelt. Es wird eine Frage der Auslegung sein, ob das Testament aufrecht bleiben soll. Die Erblasser errichten es in der Erwartung, daß die Ehe Bestand habe, jedenfalls nicht in der Voraussicht, daß sie zerfalle. Zerfällt sie, kann ein Motivirrtum vorliegen, der jedoch Verfügungen zugunsten Dritter (der Kinder) nicht ergreifen muß. Der Widerruf des Testamentes bleibt dem Erblasser außerdem unbenommen.

III. Verfügungen zugunsten Dritter

Oft setzen Gatten im gemeinschaftlichen Testament einander und ihre Kinder zu Erben ein. Was sie wollen, ist klar: Ihrer beider Vermögen soll als Ganzes nach dem Tod des Überlebenden auf die Kinder übergehn. Nicht einfach ist es, dafür die geeignete juristische Konstruktion zu finden. Zunächst soll der Überlebende den Vorverstorbenen beerben. Der

Nachlaß des Vorverstorbenen soll aber für die Kinder gebunden bleiben. Sonach ist der überlebende Gatte als Vorerbe und sind die Kinder als Nacherben eingesetzt. Dadurch wird aber noch nicht verhindert, daß der Überlebende über sein eigenes Vermögen unter Lebenden wie von Todes wegen frei verfügen kann. Um die Verfügung unter Lebenden zu verhindern, muß ihm ein Veräußerungs- und Belastungsverbot auferlegt und verbüchert werden (§ 364 c). In der Verfügung von Todes wegen ist er immer noch frei. Der Wille der Eheleute wird aber auf Wechselbezüglichkeit gerichtet sein. Das bewirkt eine indirekte Bindung, indem der einseitige Widerruf des Überlebenden auch die Erklärung des Vorverstorbenen und damit seine eigene Einsetzung hinfällig werden ließe.

§ 14. Erbverzicht, Erbunwürdigkeit, Enterbung

A. Erbverzicht

§ 551

I. Begriff

1. § 551, 1 läßt den *Verzicht auf das künftige Erbrecht* — also bei Lebzeiten des Erblassers — *nur durch Vertrag mit dem Erblasser* zu. Verträge von Erbanwärtern untereinander bei Lebzeiten des Erblassers über das von ihm zu erwartende Erbe sind nach § 879, II, Z. 3 nichtig.

Mit dem Erbverzicht ist die *Ausschlagung* nicht zu verwechseln, die der tägliche Sprachgebrauch oft als Verzicht bezeichnet. Der Erbverzicht im Sinne des Gesetzes geschieht durch Vertrag mit dem Erblasser und betrifft das künftige Erbrecht; die Ausschlagung erfolgt nach dem Tode des Erblassers vor dem Verlassenschaftsgericht in Form der Erbserklärung und bezieht sich auf das durch den Erb(an)fall entstandene Erbrecht.

2. Mit dem Erbvertrag hat der Erbverzicht gemeinsam, ein erbrechtlicher Vertrag zu sein. Allein der Erbvertrag schafft einen Berufungsgrund, der Erbverzicht zerstört ihn; s. o., § 13 B I 3.

3. Häufig erfolgt der Erbverzicht gegen *Abfindung*. Dann handelt es sich um vorweggenommene Erbfolge, um ein Geschäft mit Leistung und Gegenleistung, das bei auffälligem Mißverhältnis nach § 879, II, Z. 4 nichtig oder nach § 934 aufhebbar sein kann.

II. Voraussetzungen

1. Für den Erbverzicht ist nach § 551, 2 die *Form* des Notariatsaktes oder gerichtlichen Protokolls Gültigkeitserfordernis.

2. Verzichten kann nur, „wer über sein Erbrecht gültig verfügen kann", wer also auch die angefallene Erbschaft ausschlagen könnte (§ 805). Ein *nicht voll Geschäftsfähiger* benötigt den Beistand seines gesetzlichen Vertreters, der wieder die Zustimmung des Gerichtes braucht (§ 233).

3. Da der Erbverzicht eine Verfügung von Todes wegen enthält, muß der Erblasser — jedenfalls beschränkt — testierfähig sein (str.); erfolgt der Erbverzicht gegen Abfindung, muß sein gesetzlicher Vertreter mit-

wirken. Streitig ist, ob auch auf Seite des Erblassers *Vertretung* zulässig oder wie bei letztwilligen Verfügungen unzulässig (§ 564) ist.

III. Wirkung

1. Der Verzicht *beseitigt den Berufungsgrund.* Verzichtet z. B. eines von drei Geschwistern, wächst sein Erbteil den beiden andern zu.

2. Kann es *zugunsten* eines von ihnen verzichten, so daß sein Erbteil nur diesem zufällt? Nein! Der Verzicht kann das Recht, worauf verzichtet wurde, nicht übertragen. Denkbar ist höchstens ein Verzicht unter der Bedingung, daß ein anderer Erbe wird. Auch das macht jedoch den andern nicht zum Erben, sondern nur den Verzicht hinfällig, wenn die Bedingung nicht eintritt.

3. Nach § 551, 3 wirkt der Verzicht im Zweifel „auch für die *Nachkommen*". In diesem Fall ist der Verzichtende also nicht so zu betrachten, „als wenn er gar nicht vorhanden wäre" (§ 767). Gedacht ist offenbar an den Verzicht gegen Abfindung, die dem Stamm des Verzichtenden zugute kommt.

4. Der Erbverzicht enthält nach § 767 auch den auf das *Pflichtteilsrecht,* doch gilt das nur im Zweifel und es könnte nur auf den Erbnicht auf den Pflichtteil verzichtet werden und umgekehrt.

IV. Aufhebung

Die Aufhebung des Verzichtes wird vom Gesetz nicht behandelt. Daher wird formloser Vertrag genügen. Für eine Anfechtung wegen Willensmangels gelten die Vorschriften für Verträge überhaupt. Wenngleich der Verzichtende künftige Rechte aufgibt, ist die Zulässigkeit der Gläubigeranfechtung doch streitig; § 773 sieht ja geradezu vor, daß der Erblasser den Nachlaß dem überschuldeten Noterben und damit dessen Gläubigern entziehen kann.

V. Negatives Testament

Der Erblasser kann auch durch letztwillige Verfügung Erben ausschließen; verfügt er nicht zugunsten anderer, spricht man von negativem Testament.

B. Erbunwürdigkeit

§ 540 ff.

1. Begriff. Nach der Überschrift zu § 540 ff. betrachtet das ABGB. Erbunwürdigkeit als einen Fall der Erbunfähigkeit, sogenannte relative, im Gegensatz zur absoluten Erbunfähigkeit. Das bedeutet, daß die Erbschaft dem Erbunwürdigen gar *nicht anfällt.*

2. Fälle:

a) *Verbrechen gegen den Erblasser.* § 540: „Wer gegen den Erblasser ein Verbrechen begangen hat, ist so lange des Erbrechtes unwürdig, als sich nicht aus den Umständen entnehmen läßt, daß ihm der Erblasser vergeben habe."

Die III. TN. hat den Wortlaut des § 540 geändert, ohne völlige Klarheit herbeizuführen. Verbrechen gegen den *Erblasser* ist die Tötung seines Hundes (boshafte Sachbeschädigung), nicht aber strenggenommen die Tötung seiner Gattin. Ist Tötung mit Einwilligung oder auf Verlangen oder Mitwirkung am Selbstmord ein Verbrechen *gegen* den Erblasser? Im übrigen ist auf das Strafrecht zu verweisen; rechtskräftige strafgerichtliche Verurteilung bindet das Zivilgericht (§ 268 ZPO.), nicht aber ein Freispruch, z. B. wegen Verjährung.

b) *Eingriff in den letzten Willen.* § 542: „Wer den Erblasser zur Erklärung des letzten Willens gezwungen oder betrüglicher Weise verleitet, an der Erklärung oder Abänderung des letzten Willens gehindert oder einen von ihm bereits errichteten letzten Willen unterdrückt hat . . ." Dasselbe wird für den gelten müssen, der ein falsches Testament unterschiebt oder ein echtes verfälscht. Ähnlicher Gedanke wie bei unerlaubter Herbeiführung oder Vereitelung einer Bedingung. Die Erbunwürdigkeit bleibt bestehn, auch wenn der Erblasser die behinderte Testierfreiheit wieder erlangt. Dagegen wird sie wohl auch in diesem Fall durch Verzeihung beseitigt. Dieser Unwürdigkeitsgrund kann auch nach dem Tod des Erblassers eintreten.

c) *Ehebruch, Blutschande.* § 543: „Personen, welche des Ehebruches oder der Blutschande gerichtlich geständig oder überwiesen sind, werden unter sich von dem Erbrechte aus einer Erklärung des letzten Willens ausgeschlossen." Dieser Erbunwürdigkeitsgrund läßt die gesetzliche Erbfolge unberührt (wichtig bei Blutschande). Verzeihung kommt hier nicht in Frage. Bei Ehebruch ist der Hauptfall der, daß er in einem Scheidungsurteil als Scheidungsgrund festgestellt ist. Wird aber später zwischen den Ehebrechern mit Dispens gemäß § 9 Abs. II EheG. die Ehe geschlossen, fällt damit der Erbunwürdigkeitsgrund arg. a maj. ad minus dahin.

d) Die *das Trauerjahr verletzende Gattin* „verliert die ihr von dem vorigen Manne durch Ehepakten, Erbvertrag, letzten Willen oder durch das Übereinkommen bei der Trennung zugewendeten Vorteile" (§ 121; ob die Vorschrift noch gilt, ist streitig).

3. Erbunfähigkeit und Erbunwürdigkeit bei Ersatz- und Nacherbschaft und bei Transmission. Beachtet man, wer der Erblasser ist, ergibt sich:

a) *Ersatz- und Nacherbe* (s. u. § 21) sind Erben des Erblassers, müssen daher zur Zeit des Todes des Erblassers erbfähig und dürfen ihm gegenüber nicht erbunwürdig sein. Dagegen würde es nicht schaden, wenn der Ersatzerbe dem ersteingesetzten Erben, der Nacherbe dem Vorerben gegenüber erbunwürdig wäre, da er nicht dessen Erbe ist. Würde aber der Ersatzerbe den Ersteingesetzten, der Nacherbe den Vorerben ermorden, um zum Erbe zu gelangen, ist zwar nicht § 540 anwendbar, doch kommt der unerlaubt herbeigeführte Bedingungsfall ihm nicht zugute.

b) Der *Transmissar* ist dagegen Erbeserbe (s. u. § 17), d. h. Erbe des Transmittenten. Ist der Transmittent dem Erblasser gegenüber unwürdig, kann er dessen Erbe nicht erwerben und daher auch nicht dem Transmissar weitervererben. Ist der Transmissar dem Transmittenten gegenüber erbunwürdig, kann er das Erbe nach dem Transmittenten, daher auch nicht durch Transmission das Erbe des Erblassers erwerben. Ist dagegen der Transmittent erbwürdig gegenüber dem Erblasser und der Transmissar erbwürdig gegenüber dem Transmittenten, steht seinem Erwerb nicht im Wege, wenn er gegenüber dem Erblasser erbunwürdig ist.

C. Enterbung
§§ 767—782

Enterbung ist nach § 767 die *Entziehung des Erb- und Pflichtteils.* Die des Erbteils liegt in der Verfügungsfreiheit des Erblassers und bedarf keiner Begründung; die des Pflichtteils ist nur aus einem der im Gesetz angeführten Enterbungsgründe zulässig (§ 775).

I. Enterbungsgründe

§ 771: „Die Enterbungsursache muß immer ... in den Worten und dem Sinne des Gesetzes gegründet sein.“ Die Aufzählung ist daher taxativ. Damit ist die Analogie (nach Meinung der Redaktoren auch die ausdehnende Auslegung) ausgeschlossen.

§ 768 zählt die Enterbungsgründe für die Nachkommen (§ 42) auf; sie gelten laut § 769 auch für die Vorfahren.

1. Das Staatsgrundgesetz vom 1867 hat die Glaubens- und Gewissensfreiheit gewährleistet, und das Gesetz von 1868 hat den 1. Enterbungsgrund *(Abfall vom Christentum)* daher aufgehoben.

2. *„Den Erblasser im Notstande hilflos gelassen.“* Der Tatbestand umfaßt vor allem (aber nicht nur!) den Fall, daß der Noterbe seine gesetzliche Unterhaltspflicht gegen den Erblasser vorsätzlich oder grob fahrlässig nicht erfüllt, wenn er ihn dadurch dem Notstand preisgibt.

3. Wenn Eltern *„das Kind in der Erziehung ganz verwahrlost* haben“ (§ 769) — eigentlich ein Sonderfall des vorigen Tatbestandes.

4. *Verurteilung wegen Verbrechens* zu lebenslänglichem oder zwanzigjährigem Kerker.

5. *Beharrliche Führung einer gegen die öffentliche Sittlichkeit anstößigen Lebensart.* Danach ist erforderlich, daß dauernd eine unsittliche Lebensweise geführt wird, die öffentliches Ärgernis erregt (worüber die Ansichten freilich wechseln). Hätte der Erblasser sie selbst gebilligt, könnte er nicht deshalb enterben.

6. *Erbunwürdigkeitsgründe* wirken für sich allein, können aber auch einen Grund für ausdrückliche Enterbungen bilden (§ 770).

7. Die *exheredatio bona mente.* „Wenn bei einem sehr verschuldeten oder verschwenderischen Noterben das wahrscheinliche Besorgnis obwaltet, daß der ihm gebührende Pflichtteil ganz oder größtenteils seinen Kindern entgehen würde“, kann er — aber nur zugunsten seiner Kinder! — enterbt werden (§ 773). Das gilt also auch für Eltern des Erblassers zugunsten ihrer Kinder, seiner Geschwister.

II. Wie geschieht die Enterbung?

1. Die Enterbung kann nur in einer gültigen Verfügung von Todes wegen geschehen. Doch verlangt das ABGB. im Gegensatz zu andern

Rechten nicht die Angabe des Enterbungsgrundes; es will eine den Beteiligten vielleicht peinliche Offenlegung ersparen. Nur wenn der Enterbte auf dem Pflichtteil besteht, muß der Erbe den Enterbungsgrund beweisen (§ 771).

2. Das ABGB. verlangt nicht einmal ausdrückliche Enterbung; stillschweigende Übergehung genügt (§ 782). Dann fragt sich freilich, ob die Übergehung absichtlich oder irrtümlich geschah.

a) Ein *übergangener Vorfahre* erhält niemals mehr als den Pflichtteil (§ 781); auch ihn nicht, wenn erweislich ein Enterbungsgrund vorliegt (§ 782).

b) Ein *übergangenes Kind.* — Das Gesetz nimmt *absichtliche Übergehung* an, wenn der Erblasser ein Kind, dessen Dasein ihm bekannt war, übergangen hat (§ 776). Die absichtliche Übergehung schließt vom gesetzlichen Erbteil aus; vom Pflichtteil nur, wenn erweisbar ein Enterbungsgrund vorlag (§ 782).

Enterbung durch absichtliche Übergehung ist nur anzunehmen, wenn dem Erblasser das Dasein des Kindes und daß es sein Kind, bekannt und der Enterbungsgrund ursächlich für die Übergehung war. Nicht, wenn ihm das Dasein oder die Abstammung des Kindes unbekannt war, selbst wenn ein Enterbungsgrund vorliegt; und nicht, wenn ihm zwar das Dasein bekannt war, aber Ursache für die Übergehung nicht nachweisbar der Enterbungsgrund war.

Irrtümliche Übergehung eines Kindes liegt vor, wenn sie nachweisbar nur daher rührt, daß dem Erblasser das Dasein des Kindes unbekannt war (§§ 777, 778). Trotz dieses offenbar wesentlichen Irrtums, trachtet das Gesetz die Verfügung von Todes wegen unter entsprechender Korrektur aufrechtzuerhalten. Der Übergangene erhält nicht nur den Pflichtteil, sondern einen Erbteil; ist er eines von mehreren Kindern, aber nur „den Erbteil, welcher für den am mindesten begünstigten Noterben ausfällt" (§ 777). Ist er der einzige Noterbe „oder erhält ein kinderloser Erblasser erst nach Erklärung seines letzten Willens einen Noterben, für den keine Vorsehung getroffen ist", wird die Verfügung von Todes wegen umgestoßen und nur die gemeinnützigen, die frommen und die zur Belohnung geleisteter Dienste ausgesetzten Vermächtnisse werden „in einem den vierten Teil der reinen Verlassenschaft nicht übersteigenden Betrag verhältnismäßig entrichtet". Sie erlangt jedoch, „wenn der Noterbe vor dem Erblasser verstorben ist, wieder ihre Kraft" (§ 778).

Stirbt ein bedachtes Kind vor dem Erblasser, treten nach dem vermutlichen Willen des Erblassers seine Nachkommen ein (§ 779; s. u. § 17 B 2).

III. Wirkung

Die rechtmäßige Enterbung, ob sie nun ausdrücklich oder durch absichtliche Übergehung erfolgt, bewirkt den *Verlust des Erb- und Pflichtteils.* Die Nachkommen des rechtmäßig enterbten Kindes können jedoch den Pflichtteil verlangen (§ 780). Die Nachkommen des unrechtmäßig enterbten Kindes haben diesen Anspruch nicht, weil hier das Kind selbst den Anspruch auf den Pflichtteil behält. Auch dem rechtmäßig enterbten Erben bleibt der Anspruch auf den notwendigen Unterhalt (§ 795). Ebenso dem enterbten Ehegatten der Anspruch auf den mangelnden anständigen Unterhalt (§ 796).

IV. Aufhebung

Nur eine formgerechte Verfügung von Todes wegen kann die Enterbung ausdrücklich oder stillschweigend wieder aufheben. Verzeihung genügt nicht, selbst wenn sich die Enterbung auf Erbunwürdigkeitsgründe stützt.

§ 15. Erbschaftserwerb: Entwicklung, Überblick, Vor- und Ausscheidungsverfahren

I. Entwicklung

1. *Römisches und germanisches Recht.*

a) Auf die Hausgenossen des Erblassers (domestici heredes) geht das Erbe automatisch über. Sie setzen die Person des Erblassers fort; der Vermögensübergang ist nur notwendige Folge (necessarii heredes, geborene Erben), ja ein Vermögensübergang liegt eigentlich nicht vor, denn so wie der Erblasser ist nunmehr der Erbe Repräsentant des Familieneigentums. Ebenso das germanische Recht: le mort saisit le vif, der Tote erbt den Lebendigen.

b) Außenstehende Erben (heredes extranei) erwerben nach römischem Recht die Erbschaft erst durch besonderen Erwerbsakt, die Antretung (hereditatis aditio).

c) Die prätorische bonorum possessio wird stets über Antrag des Erben durch Dekret verliehen.

2. Das *spätmittelalterliche Recht* verlangt vielfach obrigkeitliche Einweisung ins Erbe; so süddeutsche Stadtrechte, so das kirchliche Recht beim Nachlaß von Geistlichen, so das Recht des Lehns- und Gutsherrn bei Lehns- und Bauerngütern, so schließlich bei unbekannten, abwesenden oder minderjährigen Erben. Seit dem 17. Jahrhundert führt das zu gerichtlichem Einschreiten bei jedem Todesfall.

3. Das *ABGB.* übernimmt diese Regelung und sucht sie auf folgende Weise systematisch einzuordnen. Es zählt das Erbrecht zu den dinglichen Rechten (§ 308) und wendet darauf die Lehre vom titulus und modus acquirendi an (§§ 380, 425). Im *Berufungsgrund* sieht es den *Titel* (§ 799). Zum Erwerb der Sache (hier der Erbschaft) genügt er allein aber nicht, sondern braucht es noch den *modus*, „die Übergabe in den rechtlichen Besitz" durch gerichtliche *Einantwortung* (§ 797).

Wenn das ABGB. das Erbrecht zu den dinglichen Rechten zählt, verwechselt es dingliches und absolutes Recht. Das Erbrecht ist kein dingliches, kein Recht „über eine Sache" (§ 307), sondern ein Recht auf die Verlassenschaft, d. h. auf ein Vermögen als Ganzes oder zu einem Bruchteil. Wohl aber ist das Erbrecht — so wie die dinglichen, aber auch die Persönlichkeitsrechte — ein absolutes, d. h. gegen jeden wirksames Recht. Das allein versteht auch § 532 unter dinglich. Die theoretisch unrichtige Einordnung des Erbrechtes unter die Sachenrechte ändert aber nichts an den rechtlichen Konsequenzen, die das ABGB. daraus gezogen hat.

4. Die gerichtliche Einweisung ins Erbe — ein österreichisches Spezifikum — bietet wesentliche *Vorteile:*

a) sie unterbindet Eigenmacht und vermeidet Streit, erfüllt also eine ähnliche Aufgabe wie die Besitzordnung;

b) sie sorgt für die Ordnung des Grundbuchs;

c) sie verbindet damit die Fürsorge für Pflegebefohlene;

d) sie gewährleistet die Entrichtung der Erbgebühren.

5. Demgegenüber kennt das deutsche BGB. keine amtliche Besitzeinweisung des Erben. Es ist zum alten deutschen Grundsatz zurückgekehrt (§ 1922, I), d. h. der Erbe wird „von selbst" mit dem Erbfall Erbe, kann aber ausschlagen. So auch das SchwZGB. für die gesetzlichen Erben; Testamentserben läßt es behördlich in den Besitz einweisen.

II. Überblick über das Verfahren

Das kaiserliche Patent vom 9. 8. 1854, novell. 1923, 1959, 1960, Gesetz über das gerichtliche Verfahren in Rechtsangelegenheiten außer Streitsachen (AußStrG.), regelt im 2. Hauptstück die Verlassenschaftsabhandlung; da das die Hauptmasse des Gesetzes bildet, wird es auch Abhandlungs(Verlassenschafts)patent genannt.

An die Spitze ist § 35 zu stellen: „Die Angehörigen und Hausgenossen des Verstorbenen sowohl als dritte Personen haben sich jeder eigenmächtigen Verfügung mit dem Verlassenschaftsvermögen strenge zu enthalten." Also Sperre, und zwar ohne Ausnahme.

Das Verfahren gliedert sich in das *Vorverfahren* und die *Verlassenschaftsabhandlung.* Mittelpunkt des Vorverfahrens ist die *Todfallsaufnahme,* die die wesentlichen Umstände zu erheben hat. Sie soll dem Gericht ermöglichen, jene Fälle auszuscheiden, in denen von einer Verlassenschaftsabhandlung abzusehen ist.

In den verbleibenden Fällen verständigt das Gericht die vermutlichen Erben und fordert sie zur *Erbserklärung auf.* Die Erben können erklären, die Erbschaft anzunehmen (anzutreten) oder auszuschlagen. Geben Erben einander *widersprechende Erbserklärungen* ab, so muß in einem Zwischenverfahren geklärt werden, welche von ihnen angenommen werden kann. Von jeder Todfallsaufnahme und deren Erledigung ist die Finanzbehörde zu verständigen (§ 82). Die Gebührenbemessung erfolgt entweder auf Grund des Inventars (§ 92 ff.) oder, wenn keines errichtet wird, nach der Beschreibung des Erben, der die Richtigkeit seiner Angaben an Eides Statt bekräftigen muß (Manifestationseid, § 114). Schließlich erfolgt die Einantwortung der Verlassenschaft, womit das Verfahren endet.

III. Vorverfahren

1. *Anzeige.* Das Gericht muß, um das Verfahren einleiten zu können, in die Kenntnis der Todesfälle gelangen. Sie sind dem zuständigen Standesbeamten (Gemeindevorsteher) anzuzeigen, der seinerseits dem Bezirksgericht, in dessen Bezirk der Todesfall eingetreten ist, Anzeige erstatten muß (§ 34).

2. Das Gericht veranlaßt die *Todfallsaufnahme,* d. h. die vorläufige Erhebung der wesentlichen Umstände (§ 38) durch einen Gerichtsabgeordneten, i. d. R. einen Notar (§§ 36, 37). Die Todfallsaufnahme hat u. a. zu enthalten (§ 39 ff.):

a) das Nationale des Verstorbenen, seinen Wohnsitz, Tag und Ort des Todes;

b) Namen und Aufenthalt des überlebenden Ehegatten, der Kinder oder anderer, als Erben in Betracht kommender nächster Verwandten und, falls bekannt, des Testamentserben;

c) vorläufige Feststellung der Beschaffenheit des Nachlasses: ob Liegenschaften und Liegenschaftsrechte dazu gehören; wenn nicht, ob sein Wert ohne Abzug der Schulden S 5000 übersteigt; ob er überschuldet ist; wie hoch Krankheits- und Begräbniskosten sind und wer sie bezahlt;

d) nach Verfügungen von Todes wegen muß sorgfältig geforscht und wenn sie gefunden werden, sind sie vor zwei Zeugen unter Aufnahme eines Protokolls kundzumachen (§ 41 f. und § 61 ff.);

e) ob Vorsorge für Vormundschaften und Kuratelen getroffen werden muß;

f) ob der Verstorbene Amtsgelder verwaltet oder Gelder aus öffentlichen Kassen bezogen hat.

Die Todfallsaufnahme hat auch zu erfolgen, wenn kein Nachlaß vorhanden ist. Sie kann nur bei Minderjährigen unter väterlicher Gewalt und ohne Vermögen unterbleiben (§ 51).

3. Der Nachlaß bleibt normalerweise in Verwahrung der bekannten oder mutmaßlichen Erben. Nur ausnahmsweise wird er versiegelt (§§ 43 bis 49) oder sind besondere Vorkehrungen nötig, so bei Personen, die öffentliche Ämter bekleideten (§§ 53—59).

4. Die Ergebnisse der Todfallsaufnahme sind dem Gericht mitzuteilen (§ 50).

IV. Auscheidung von Fällen aus der Verlassenschaftsabhandlung

Auf Grund der Ergebnisse der Todfallsaufnahme kann das Gericht verfügen:

1. *Abtuung armutshalber* (§ 72). Nach dem Patent von 1854 war sie nur zulässig, wenn kein Vermögen vorhanden; seit der Novelle von 1923 geschieht sie auch bei geringfügigen Nachlässen: die Aktiven (ohne Abzug der Passiven) dürfen S 5000 nicht übersteigen; es dürfen keine Liegenschaften zum Nachlaß gehören; es dürfen Minderjährige, Pflegebefohlene, Arme, Stiftungen, Kirchen, Schulen, geistliche Gemeinden, öffentliche Anstalten, fromme oder gemeinnützige Zwecke nicht mit mehr als je S 1000 am Nachlaß kraft Gesetzes oder letzten Willens beteiligt sein; es darf kein Erbe oder Noterbe die Abhandlung verlangen.

2. *Überlassung an Zahlungs Statt* (sog. Einantwortung jure crediti, § 73). Sind die Voraussetzungen für die Abtuung armutshalber nicht gegeben, der Nachlaß aber unbedeutend und zu vermuten, daß er durch

die dringendsten Verlassenschaftsschulden erschöpft wird, ist er den Gläubigern an Zahlungs Statt zu überlassen. I. d. R. legen die Angehörigen die Quittungen über die von ihnen bezahlten Krankheits- und Todfallskosten vor, und wenn sie den Wert des Nachlasses erreichen oder übersteigen, wird er an Zahlungs Statt überlassen.

Sowohl bei der Abtuung armutshalber wie bei der Überlassung an Zahlungs Statt erfolgt die Bewertung des Nachlasses summarisch und großzügig.

3. *Nachlaß-Konkurs.* § 74. Über bedeutende überschuldete Nachlässe wird der Konkurs eröffnet (§ 69 KO.).

4. Liegt keiner dieser drei Fälle vor, so leitet das Gericht die Verlassenschaftsabhandlung ein.

Eine statistische Untersuchung ergab, daß 80 % der Nachlässe armutshalber abgetan wurden, während die Einantwortung jure crediti und der Verlassenschaftskonkurs nur vereinzelte Fälle betrafen.

5. Wie erfolgt in den — wie man sieht — zahlreichen Fällen der *Erbschaftserwerb* ohne Verlassenschaftsabhandlung und Einantwortung? Bei Verlassenschaftskonkurs findet die Liquidation zur Befriedigung der Gläubiger nach den Regeln des Konkurses statt und wird nach Abschluß des Konkursverfahrens vererbliches Vermögen meist gar nicht vorhanden sein. Auch die Überlassung an Zahlungs Statt und die Abtuung armutshalber bewirken strenggenommen keinen Erbgang. Die Praxis und die ältere Lehre nehmen mangels Einantwortung keinen Erbschaftserwerb an; der ruhende Nachlaß bestehe fort, bis Ersitzung eintrete. Das ist nicht nur unpraktisch, sondern auch gegen Sinn und Zweck des Gesetzes; warum verzichtete es sonst — aus vernünftigen Gründen — auf Abhandlung und Einantwortung?! Die Abtuung armutshalber oder die Überlassung an Zahlungs Statt tritt offenbar an die Stelle der Einantwortung. Demgemäß kann nach § 72, II das Gericht den so zur Erbschaft Berufenen ermächtigen, Nachlaßrechte geltend zu machen, Leistungen an den Nachlaß zu quittieren und Löschungserklärungen auszustellen; auch wird, wer redlich von ihm erwirbt, so wie der Erwerber vom eingeantworteten Scheinerben nach § 824, 3 geschützt.

§ 16. Erbschaftserwerb: Verlassenschaftsabhandlung, Testamentsvollstrecker

Nach Ausscheiden der vorigen Fälle fordert das Gericht die durch die Todfallsaufnahme ermittelten vermutlichen Erben auf, die Erbserklärung abzugeben. Es stellt dafür eine Frist oder setzt hiezu eine Tagsatzung fest.

I. Erbserklärung im allgemeinen

§ 799 heißt Erbserklärung nur die Erklärung der Annahme *(Antretung)* der Erbschaft. Man kann aber dieser positiven Erbserklärung die *Ausschlagung* als negative Erbserklärung an die Seite stellen, da einige Bestimmungen beiden gemeinsam sind (§ 116 AußStrG.).

Beide sind Erklärungen gegenüber dem Abhandlungsgericht zu Protokoll. Für die Antretung verlangt § 122 AußStrG. noch eigens eigenhändige Unterschrift. Beide sind unwiderruflich (§ 806). Beide beziehen sich nur auf den dem Erben bekannten Berufungsgrund. Hat er z. B. die Erbserklärung (positiv oder negativ) als gesetzlicher Erbe abgegeben und findet sich später ein Testament, kann er sie nunmehr (positiv oder negativ) auf Grund des Testamentes abgeben. Nicht umgekehrt, da das Testament der stärkere Titel ist (§ 808). Beide setzen volle Geschäftsfähigkeit bzw. Mitwirkung des gesetzlichen Vertreters voraus (§ 805). Für unbekannte Erben hat ein Abwesenheitskurator zu fungieren (§ 77 AußStrG.). Vormünder und Kuratoren können eine Erbschaft nur mit der Rechtswohltat des Inventars annehmen. Zur Annahme ohne beneficium inventarii und zur Ausschlagung brauchen sie die Zustimmung des Gerichtes (§ 233). Ob Antretung und Ausschlagung nach allgemeinen Regeln als Rechtsgeschäfte wegen Willensmangels angefochten werden können, ist bestritten, da es sich um gerichtliche Akte handle.

II. Antretung

Die Antretung ist die dem Abhandlungsgericht gegenüber abgegebene Erklärung, eine angefallene Erbschaft anzunehmen. Sie muß nach § 122 AußStrG. von dem Erben oder dessen Vertreter eigenhändig unterschrieben sein. Wird eine Erbserklärung verspätet, aber noch vor rechtskräftiger Einantwortung abgegeben, nehmen sie die Gerichte in der Erwägung an, daß sonst die Einantwortung u. U. nichts helfen, sondern nur eine Erbschaftsklage gegen den Eingeantworteten auslösen würde. Nach rechtskräftiger Einantwortung ist eine Erbserklärung ausgeschlossen.

Laut § 800 muß die Erbserklärung „zugleich enthalten, ob sie unbedingt oder mit Vorbehalt der Rechtswohltat des Inventariums geschehe"; s. u. § 18 B.

§ 799 fordert ferner die Ausweisung des Titels (Berufungsgrundes), auf den sich die Erbserklärung stützt. Doch bestimmt § 122 AußStrG., daß das Gericht jede Erbserklärung anzunehmen hat und der Beweis des Titels auch nachträglich beigebracht werden kann.

Verfahrensmäßig ist die Antretung der dem Gericht gestellte *Antrag auf Einantwortung*. Wer keine Erbserklärung abgibt, dem kann nicht eingeantwortet werden. Er hat jedoch sein Erbrecht damit nicht verwirkt (Unterschied von der Ausschlagung!), kann es aber nur noch mit der Erbschaftsklage gegen den Eingeantworteten durchsetzen.

III. Ausschlagung

Die Ausschlagung ist die dem Abhandlungsgericht abgegebene Erklärung, eine angefallene Erbschaft nicht anzunehmen. Die Versäumung der für die Antretung gesetzten Frist gilt nicht als Ausschlagung, sie wäre denn erweislich absichtlich geschehen (stillschweigende Ausschlagung).

Die Ausschlagung bewirkt, daß der Anfall als nicht erfolgt gilt und der Ausschlagende als Erbe ausscheidet: So wie beim Erbverzicht (§ 551, 3) sind im Zweifel auch die Nachkommen mitinbegriffen.

Vom Erbverzicht ist die Ausschlagung unterschieden: Sie kann erst nach dem Tod des Erblassers erfolgen, der Verzicht nur vorher; sie beseitigt den Anfall, der Erbverzicht den Berufungsgrund, so daß es gar nicht zum Anfall kommt; sie erfolgt durch Erklärung gegenüber dem Abhandlungsgericht zu Protokoll, der Erbverzicht durch formbedürftigen Vertrag mit dem Erblasser.

Dagegen teilt die Ausschlagung mit dem Erbverzicht, daß sie *nicht zugunsten Dritter* geschehen kann. Ist der Dritte ohnehin der Nächstberufene, erwirbt er durch Wegfall des Ausschlagenden aus eigenem Recht. Wird zugunsten Dritter ausgeschlagen (verzichtet) und das zur Bedingung erhoben, macht das die Ausschlagung (den Verzicht) hinfällig, wenn der Dritte nicht erwirbt, kann aber nicht bewirken, daß er erwirbt. Wäre es Motiv geblieben, ist es nur bei unentgeltlicher Ausschlagung (Verzicht) nach § 901 wirksam, nicht aber bei Ausschlagung (Verzicht) gegen Abfindung. Überdies ist zweifelhaft, ob das Gericht eine bedingte Ausschlagung entgegennehmen darf. Verzichtet der wahre Erbe nach Abschluß der Abhandlung gegenüber dem eingeantworteten Scheinerben auf die Erbschaftsklage, ist das weder Erbverzicht noch Ausschlagung.

Schlägt ein überschuldeter Erbe aus, weil die Antretung nur seinen Gläubigern zugute käme, kann die Gläubigeranfechtung eingreifen (§ 7, 2 AnfO., § 36, 2 KO.). Im Falle des Konkurses kann der Masseverwalter an Stelle des Gemeinschuldners antreten (§ 4 KO.). Tritt er nicht an, scheidet das Recht aus der Masse aus und wird konkursfrei; jetzt kann der Gemeinschuldner die Erbschaft antreten oder ausschlagen.

IV. Widersprechende Erbserklärungen

1. Wie ist zu verfahren, wenn einander widersprechende Erbserklärungen abgegeben werden, z. B. einer auf Grund Testamentes, ein anderer auf Grund Gesetzes die Erbschaft in Anspruch nimmt? Das Abhandlungsgericht muß alle Erbserklärungen annehmen (§ 125 AußStrG.). Es kann nicht seine Aufgabe sein, im außerstreitigen Verfahren den Streit der Erbprätendenten zu entscheiden; das kann nur im Prozeß geschehen. Wohl aber hat das Abhandlungsgericht zu entscheiden, wem die *Kläger-*, wem die *Beklagtenrolle* zufällt. Ähnlich wie bei der Eigentumsklage der Besitzer, hat hier *der stärker Titulierte die günstigere Rolle des Beklagten.* Daher hat das Abhandlungsgericht den schwächer Titulierten anzuweisen, in bestimmter Frist die Klage einzubringen (§ 126 AußStrG.).

Es ist die sogenannte *Erbrechtsklage;* zum Unterschied von der *Erbschafts*klage, die nach der Einantwortung von dem, der behauptet, Erbe zu sein, gegen den Eingeantworteten eingebracht wird; s. u. § 27 B. Wird die Erbrechtsklage in der vorgesehenen Frist erhoben, ist bis zur rechtskräftigen Entscheidung die Abhandlung zu unterbrechen und mit dem Sieger fortzusetzen. Wird die Klage nicht eingebracht, scheidet der schwächer Titulierte aus dem Verfahren aus (was wieder nicht besagt, daß er sein Erbrecht materiell verloren hätte; er kann es mit der Erbschaftsklage gegen den Eingeantworteten verfechten).

2. *Wer ist stärker, wer schwächer tituliert?* Die Entscheidung fällt nicht immer leicht. § 126 AußStrG. gibt nur Grundregeln. Danach reihen sich die Titel nach ihrer Stärke absteigend: Erbvertrag, Testament, Gesetz. Bei Erbvertrag und Testament ist vorausgesezt, daß sie in gehöriger Form errichtet sind und kein Verdacht gegen ihre Echtheit besteht. Beruft sich ein Erbe auf ein Testament, dessen Echtheit zweifelhaft, das in Verlust geraten oder beschädigt (§ 722) ist, so hat er als schwächer Titulierter gegenüber den gesetzlichen Erben die Klägerrolle. Unter mehreren Testamenten ist das ältere schwächer als das jüngere. Unter mehreren gesetzlichen Erben sind die der ferneren Parentel schwächer tituliert als die der näheren. Ist die Auslegung eines Erbvertrages oder Testamentes zweifelhaft, muß klagen, wer den Wortlaut gegen sich hat. In einem Erbvertrag/Testament eingesetzte Erben haben folgende Rangordnung: Ersteingesetzter; Ersatzerbe (s. u. § 21 B) und Erbeserbe (s. u. § 17 B); stirbt der Ersteingesetzte vor der Erbserklärung, geht der Ersatz-, sonst der Erbeserbe vor; Anwachsungsberechtigter (s. u. § 19 C). Dieselbe Reihenfolge gilt innerhalb der Nacherbfolge (s. u. § 21 C). Pflichtteilsberechtigte (s. u. § 25) scheinen in dieser Reihe nicht auf, da sie nicht Erben sind; sie haben ihr Forderungsrecht gegen den eingeantworteten Erben geltend zu machen; anders wäre es nur, wenn ein Pflichtteilsberechtigter Erbansprüche stellt.

V. Einantwortung

§ 819; § 149 AußStrG.

Die Einantwortung ist der Gerichtsbeschluß, mit dem die Erbserklärungen erledigt werden. Sie erfolgt, wenn

1. das Erbrecht gehörig, notfalls im Erbrechtsstreit, nachgewiesen wurde;

2. der letzte Wille befolgt oder seine Befolgung gesichert ist (bei Vermächtnissen für Eigenberechtigte genügt deren Benachrichtigung (§§ 157 bis 161 a AußStrG.);

3. der Pflichtteil Minderjähriger oder Pflegebefohlener ausgewiesen ist (§ 162 AußStrG.).

Über die Wirkung der Einantwortung s. u. § 17 A II 3. Damit ist das Abhandlungsverfahren geschlossen (§ 819). Dem Finanzamt sind die Abhandlungsakten zu übersenden.

VI. Testamentsvollstrecker und Abhandlungspfleger

1. Testamentsvollstrecker

§ 816 stellt dem Erblasser frei, „einen Vollzieher (Exekutor) seines letzten Willens" zu ernennen. Da es sich hiebei um eine letztwillige Verfügung handelt — Analoges gilt für den Erbvertrag —, ist die gesetzliche Form einzuhalten; vgl. § 80 AußStrG.

§ 816 bezeichnet den Testamentsvollstrecker als *Machthaber des Erblassers*. M. E. zu Recht; es handelt sich um eine auf den Todesfall erteilte Vollmacht (§ 1022, 2), die daher die Erben nicht widerrufen können. Ihr Inhalt ist nach § 816, „entweder die Anordnungen des Erblassers selbst zu vollziehen oder den saumseligen Erben zur Vollziehung derselben zu betreiben". Das ist freilich kraft Gesetzes auch die Aufgabe des Abhandlungsgerichtes (§ 157—161 a AußStrG.); dessen ungeachtet kann der Erblasser eine Person seines Vertrauens damit betrauen. So auch die §§ 80, 95, 164 AußStrG. Die Praxis läßt auch zu, daß dem Testamentsvollstrecker die Nachlaßverwaltung übertragen werde, doch kann er auch in diesem Fall die Erben nicht vertreten, er würde denn zum curator absentis bestellt. Ob der Testamentsvollstrecker Rechtsmittel einbringen kann, beurteilt die Praxis nicht einheitlich.

Die Aufgabe des Testamentsvollstreckers endet mit der Vollendung des Geschäftes (was nicht mit der Einantwortung zusammenfallen muß); mit seinem Tode; mit der Entlassung, die aus wichtigen Gründen vom Abhandlungsgericht — auch über eigenes Ansuchen — ausgesprochen werden kann.

2. *Abhandlungspfleger*

Dem Abhandlungspfleger denkt der Erblasser die Aufgabe zu, für die Erben, als *Erbenvertreter,* die ihnen zufallende Parteitätigkeit im Abhandlungsverfahren (Erbserklärung, Nachlaßnachweisung u. dgl.) entgeltlich zu besorgen. Dem ABGB. ist er unbekannt, wohl aber erwähnt ihn art. XX EG. ZPO. Die Erben müssen sich freilich nicht gefallen lassen, daß ihnen der Erblasser einen Vertreter bestellt; sie müssen ihn erst ihrerseits bevollmächtigen.

§ 17. Erbschaftserwerb: Ruhender Nachlaß, Transmission

A. Ruhender Nachlaß

I. Die Fiktion des § 547

In dem Zeitraum *zwischen Erbfall und Einantwortung gehört der Nachlaß noch nicht dem Erben,* aber auch *nicht mehr dem Erblasser,* dessen Rechtspersönlichkeit mit dem Tod erloschen ist. Zwar fingiert § 547, 3, als ob die Verlassenschaft bis zur Antretung „noch von dem Verstorbenen besessen würde" und mit der Antretung soll der Erbe dann nach § 547, 1 den Erblasser vorstellen. Damit wäre die Lücke geschlossen.

Nun ist ein Fortwirken der Persönlichkeit nach dem Erlöschen auch sonst der Rechtsordnung nicht unbekannt; aufgelöste juristische Personen wirken nach, bis ihr Vermögen liquidiert ist, und die Rechte einer physischen Person werden auch nach dem Tode geschützt (Urheber- und Erfinderrecht, Recht am Bilde, Leichnam). Dennoch darf man die Fiktion nicht zu weit treiben. Z. B. ist deshalb, weil der Erblasser oder der Erbe minderjährig ist, für die Veräußerung von Liegenschaften aus dem Nachlaß die Zustimmung des Vormundschaftsgerichtes nicht notwendig. Vor allem aber erwirbt der Erbe die Erbschaft nicht schon mit Antretung, so wie er andererseits auch vor der Antretung gewisse Rechte an ihr haben kann.

II. Etappenweiser Erwerb der Erbschaft

Die folgende Darlegung ergibt, daß der Erwerb des Erben in Etappen erfolgt.

1. *Vor der Erbserklärung.* Der Nachlaß wird in der Regel in der Verwahrung der mutmaßlichen Erben belassen. Die Erbenrechte sind bereits veräußerlich (§ 879, II Z. 3) und vererblich (§ 537; Transmission

s. u. B). Ersatzerben werden, wenn der Erstberufene ausschlägt, mit dem Erbfall Erben. Haben sie den Erbfall erlebt, ist ihr Recht vererblich. Für den Nacherben vgl. § 615, II; s. u. § 21 C V 3. Die Erbfähigkeit muß im Zeitpunkt des Erbfalles (vom Anfall sehen wir hier ab) gegeben sein. Nur die Erbunwürdigkeit kann auch nachträglich eintreten. Der Erbe setzt den Besitz des Erblassers fort (§§ 1462, 2; 1464, 2; dagegen aber § 1463). Im Grundbuch erscheint der Erbe unmittelbar nach dem Erblasser. Das Steuer- und Gebührenrecht rechnet den Nachlaß mit dem Todestag des Erblassers, bedingt durch spätere Annahme, dem Erben zu.

2. *Mit der Antretung* gehn die Erbeserben den Ersatz- und Nacherben vor. Hat sich der Erbe genügend ausgewiesen, erhält er Verwaltung und Nutzung, nicht jedoch Verfügung (§ 810). Zur Verfügung über einzelne Nachlaßstücke braucht er die besondere Ermächtigung des Nachlaßgerichtes (§ 822). Die Vermögensmassen müssen aber getrennt bleiben, daher Haftung nur mit der Verlassenschaft; s. u. § 18 A II 1. Im Nachlaßkonkurs ist der Erbe nicht Gemeinschuldner, im Nachlaßprozeß nicht Hauptpartei, in der Zwangsversteigerung kann er trotz § 463 mitbieten. Ist das Erbrecht streitig, kann ein Nachlaßkurator bestellt werden. Wir haben das Bild eines Sondervermögens vor uns.

3. *Mit der Einantwortung* erwirbt der Erbe die Erbschaft uno actu, ohne daß eigene Erwerbsakte für die einzelnen Stücke nötig wären. Die Einantwortung wirkt rechtsgestaltend. Sie hat Rechtsscheinwirkung, d. h. den Bestreitenden trifft die Beweislast, er hat die Klägerrolle in der Erbschaftsklage. Für redliche Dritte hat sie Legitimationswirkung (§ 824, 2), und zwar auch bei unentgeltlichem Erwerb; s. u. § 27 B IV 4. Nach § 819, 2 in Verbindung mit § 436 würde das Liegenschaftseigentum nicht schon mit Einantwortung, sondern erst mit Einverleibung übergehn. Das widerspricht dem Prinzip der Universalsukzession, und die Lehre gibt ihm mit Recht fast einhellig den Vorzug gegenüber dem Eintragungsprinzip; ebenso nach Schwanken jetzt die Praxis.

4. *Ergebnis.* — Die Erbenstellung durchläuft zwischen Erbfall und Einantwortung verschiedene Stadien, wobei die Erbserklärung einen starken Einschnitt bildet. Mit der Einantwortung wird dann die Rechtskontinuität wiederherzustellen gesucht, sodaß der Erbe als unmittelbarer Rechtsnachfolger des Erblassers erscheint.

III. Die drei Theorien

Im Bestreben, den Zeitpunkt des Erbschaftserwerbes auf einen Zeitpunkt zu verlegen, haben sich drei Theorien entwickelt. Nach der germanistischen erwirbt der Erbe mit Erbfall; nach der romanistischen mit Erbserklärung; nach der herrschenden austriazistischen mit Einantwortung. Alle drei Theorien werden vertreten und finden Anhaltspunkte im Gesetz:

1. Die germanistische Theorie folgt der Auffassung des alten deutschen Rechtes. Für das österreichische Recht kann sie sich auf § 537 berufen: Das Recht entstehe schon mit dem Erbfall, die Einantwortung verschaffe nur den Besitz.

2. Die romanistische Theorie folgt dem römischen Recht, das für extranei heredes die Antretung verlangte. Für das österreichische Recht kann sie sich auf § 547 berufen.

3. Die austriazistische Theorie beruft sich auf § 797 in Verbindung mit § 425 und § 308 (Lehre vom titulus und modus, angewandt auf das Erbrecht, das das ABGB. als dingliches Sachenrecht ansieht): Übergabe in den Besitz ist notwendig zum Erwerb des Rechtes. Im gleichen Sinn § 550, Überschrift zum 15. Hauptstück und zu § 797 sowie die §§ 807, 818, 819, 822. Der damit in offenem Widerspruch stehende § 547 wird als theoretische Verbeugung vor dem römischen Recht aufgefaßt; dessen ungeachtet habe das ABGB. im einzelnen eine andere Lösung gewählt. In der Tat spricht am meisten für diese, nunmehr als hL. zu bezeichnende Auffassung, wenn man den Erwerb auf einen Punkt konzentrieren will. Über den Erwerb bei Abtuung armutshalber und Hingabe an Zahlungs Statt s. o., § 15, IV, 5.

IV. Der ruhende Nachlaß

Die germanistische Theorie, aber auch § 547, glauben ohne ruhenden Nachlaß auskommen zu können. Sie erkaufen das mit Fiktionen: Solange der Erbe nicht angenommen hat, ist es unbestimmt, wer, ja ob überhaupt jemand Erbe wird; bis der Erbe angenommen hat, entsteht jedenfalls eine Lücke, da die Person des Erblassers mit dem Tode erlischt. Nach der hL. ist der Überganszeitraum länger; er dauert vom Tod des Erblassers bis zur Einantwortung. Ob man den ruhenden Nachlaß als juristische Person oder als herrenloses, dem Erben verfangenes Gut ansieht, ist eine Konstruktionsfrage. Jedenfalls können für und gegen den Nachlaß Rechte geltend gemacht werden. Nach der Einantwortung trachtet man freilich, die unterbrochene Kontinuität so wieder herzustellen, als ob der Erbe unmittelbar auf den Erblasser gefolgt wäre.

B. Transmission

1. Die *Vererbung des mit Erb(an)fall erworbenen Erbrechtes* — genau genommen handelt es sich erst um eine Erbanwartschaft — heißt Transmission.

Vor dem Tode des Erblassers hat der ‚Erbe' nur eine unbestimmte Aussicht, zu erben, die er weder vererben noch veräußern (§ 879, II, Z. 3) kann. Erst mit dem Tod des Erblassers (Erbfall) erlangt er ein vererbliches (§ 537) und veräußerliches (§ 1278) Recht.

Dasselbe gilt, wenn der Erbe mit einem bestimmten Anfangstermin eingesetzt ist: er muß den Erbfall, nicht den Termin erleben (§ 705). Ist er unter einer aufschiebenden Bedingung eingesetzt, verlangt § 703, daß er auch die Erfüllung der Bedingung (den Erb*an*fall) erlebe. Die entgegengesetzte Regel stellt jedoch die III. TN. in § 615, II für den Nacherbfall auf: Das Recht des Nacherben ist im Zweifel vererblich und veräußerlich, wenn er den Erbfall (Vorerbfall) erlebt, auch wenn er vor dem Nacherbfall stirbt. Da das der Hauptfall der bedingten Erbeinsetzung ist, hat die III. TN. die Regel des § 703 weitgehend ausgehöhlt, und sie wird nun nicht mehr als zwingend angesehen.

2. Transmission kann *nur zwischen Erbfall und Einantwortung* eintreten. Vor dem Erbfall existiert noch kein Erbrecht, das vererbt werden könnte, und nach Einantwortung bildet der Nachlaß des Erblassers einen Teil des Erbenvermögens.

§ 779: „Wenn ein Kind vor dem Erblasser stirbt und Abstämmlinge hinterläßt; so treten diese mit Stillschweigen übergangenen Abstämmlinge in Ansehung des Erbrechtes an die Stelle des Kindes." Diese sogenannte *transmissio Theodosiana* ist keine Transmission, denn der eingesetzte Erbe stirbt hier vor dem Erblasser. Es ist vielmehr eine irrtümliche Übergehung, die das Gesetz nach dem vermutlichen Willen des Erblassers im Sinne des Eintrittsrechtes (Erbrechtes nach Stämmen) richtigstellt.

3. Bei der Transmission haben wir es mit *zwei Erbfällen* zu tun: Nachlaß des Erblassers; Nachlaß des Erben, zu dem auch das vererbliche Erbrecht nach dem Erblasser gehört. Beachte, *wer wessen Erbe* ist: Der Transmittent ist Erbe des Erblassers, der Transmissar Erbe des Erben (Ersatz- und Nacherben sind dagegen Erben des Erblassers, nicht des Ersteingesetzten, des Vorerben; s. o., § 14 B 3).

4. Nach dem alten Judikat JB 138 kann im Falle des § 760 der Staat, da er nicht Erbe, sondern nur Heimfallsberechtigter ist, auch nicht Erbeserbe sein (?).

5. Der Erbeserbe tritt in die Stellung des Erben ein. Sie ist verschieden, ob der Erbe die *Erbserklärung schon abgegeben* hatte *oder nicht:*

a) Hat der Erbe *noch nicht erbserklärt,* kann der Erbeserbe sich zum Erbe des Erblassers negativ oder positiv, bedingt oder unbedingt erklären; Transmission i. e. S. (§ 809). Er kann die Erbschaft nach dem Erblasser ausschlagen, die nach dem Erben annehmen; nicht umgekehrt! Denn wenn er die Erbschaft nach dem Erben ausschlägt, erwirbt er auch nicht das im Erbe des Transmittenten enthaltene Erbrecht nach dem Erblasser.

b) Hat der Erbe eine *Erbserklärung schon abgegeben,* ist der Erbeserbe daran gebunden. Er kann sie weder widerrufen noch eine unbedingte in eine bedingte verwandeln; Transmission i. w. S. Er könnte nur die Erbschaft nach dem Transmittenten und damit die darin enthaltene Transmission ausschlagen.

§ 18. Schuldenhaftung

A. Allgemeines

I. Welche Schulden gehören zum Nachlaß?

Die Nachlaßverbindlichkeiten bestehn aus Erblasser- und Erbfall(Erbgang)schulden.

1. *Erblasserschulden* sind solche, die den Tod des Erblassers überdauern (also nicht höchstpersönliche) und nunmehr den Nachlaß treffen (§ 548); s. o., § 2 C II. Schulden (Forderungen) des Erblassers gegenüber dem Erben erlöschen durch Vereinigung nicht, solange Nachlaß und

Erbenvermögen getrennt sind und wenn kraft Rechtswohltat des Inventars oder der separatio bonorum der Erbe nur beschränkt haftet (§§ 1445, 802, 812).

2. Demgegenüber sind *Erbfallschulden* solche, die vorher nicht da waren, sondern erst mit dem Erbfall entstehn:

a) „Die Kosten für das dem Gebrauche des Ortes, dem Stande und dem Vermögen des Verstorbenen angemessene *Begräbnis*“ (§ 549). Dazu kommen noch die Kosten für das Grab, für Gottesdienste, Todesanzeigen u. dgl. Diese Kosten treffen also den Nachlaß, sofern er ausreicht, und nicht die zur Beerdigung verpflichteten Unterhaltspflichtigen. Auch dann nicht, wenn sie ein Sterbegeld erhalten. Die Bestattungsanstalt kann die Kosten freilich, gestützt auf den Vertrag, auch gegen den Besteller geltend machen. Reicht der Nachlaß nicht aus, sind die Unterhaltspflichtigen heranzuziehen. Haben sie Krankheits-, Bestattungskosten u. dgl. getragen, werden diese auf den Nachlaß veranschlagt, und wenn sie ihn aufzehren oder übersteigen, erfolgt Überlassung an Zahlungs Statt; s. o., § 15, IV, 2. Nur wer den Erblasser getötet hat, trägt die Kosten ohne Anspruch auf Ersatz aus dem Nachlaß (§ 1327);

b) *Pflichtteilsschulden* (§ 775) und *Unterhaltsschulden* (s. u. 3);

c) *Vermächtnisse,* ob auf Vertrag, letztem Willen oder Gesetz (§ 758) beruhend, und Auflagen.

d) *Abhandlungskosten, Kosten der Nachlaßverwaltung und Erbgebühren.*

3. *Unterhaltsschulden* können Erbfallschulden, Erblasserschulden oder auch höchstpersönliche sein. Die familienrechtliche Unterhaltspflicht ist im allgemeinen höchstpersönlich. Die Unterhaltspflicht gegenüber unehelichen Kindern „geht gleich einer andern Schuld auf die Erben des Vaters über“ (§ 171, I). Ebenso die Unterhaltspflicht gegenüber dem geschiedenen Gatten (EheG. § 78, I und II), während die Beitragspflicht mit dem Tod des Verpflichteten erlischt (§ 78, III).

Mit dem Tod entstehn die folgenden Ansprüche, sind also Erbfallschulden:

a) der Anspruch des Gatten nach § 796 und der Witwe nach § 1243.

b) der Anspruch des Noterben nach § 795;

c) der Anspruch des unehelichen Kindes nach § 171, II.

Lösen sie auch Unterhaltsansprüche unter Lebenden ab, so sind sie doch nach Inhalt und Umfang nicht mit ihnen gleich. Als Erbfallschulden reihen sie bei den Pflichtteilsschulden; s. o., 2, b.

II. Wer haftet?

Hier und im folgenden wird, um die eine Frage nicht mit der andern zu verquicken, ein Alleinerbe angenommen. Über das Miterbenverhältnis einschließlich der Haftung von Miterben s. u. § 19.

1. *Bis zur Einantwortung* ist der Nachlaß vom Vermögen des Erben gesondert, daher können Nachlaßschulden nur aus dem Nachlaß — cum viribus hereditatis — befriedigt werden.

2. *Mit der Einantwortung* übernimmt der Erbe als Gesamtnachfolger des Erblassers auch die Passiven. Das birgt Gefahren:

a) für den Erben und seine Gläubiger, wenn der Nachlaß überschuldet ist;

b) für die Nachlaßgläubiger, wenn der Erbe überschuldet ist.

3. Die Erbengläubiger sollen nicht auf eine reiche Erbschaft, die Nachlaßgläubiger nicht auf einen reichen Erben spekulieren. Die Erbfolge soll die Kreditgrundlage nach Möglichkeit unangetastet lassen, sie weder verbessern noch verschlechtern. Dem dienen folgende Maßnahmen, die — vor der Einantwortung ergriffen — mit der Einantwortung zu wirken beginnen:

a) Der *Erbe* schützt sich vor überschuldetem Nachlaß durch die *Rechtswohltat des Inventars,* verbunden mit *Gläubigereinberufung.*

b) Die *Nachlaßgläubiger* schützen sich vor überschuldeten Erben durch *Absonderung der Verlassenschaft (separatio bonorum).*

4. Die *Erbengläubiger* haben kein eigenes Schutzmittel gegen einen überschuldeten Nachlaß in der — nicht immer zutreffenden — Annahme, daß das Interesse des Erben sie mitschützt. Die Erbengläubiger können aber auch bei überschuldetem Erben ein Interesse an einem aktiven Nachlaß haben, zu dem der Erbe berufen ist. Unterläßt er die Antretung oder schlägt aus, kann die Gläubigeranfechtung in und außer Konkurs Platz greifen; s. o., § 16, III. Auf den Nachlaß selbst können die Erbengläubiger vor der Einantwortung als auf ein Sondervermögen nicht greifen. Anders, wenn das Gericht dem Erben die freie Verfügung über einzelne Nachlaßstücke überläßt (§ 822). Außerdem können sie, wenn sie ihre Forderungen bescheinigen, nach den §§ 74, 75 der III. TN. sichernde Maßnahmen und die Verständigung vom Beschluß der Überlassung der freien Verfügung und der Einantwortung begehren. Nach der Einantwortung können sie auf alles greifen, was nicht durch Absonderung (separatio bonorum) geschützt ist.

B. Rechtswohltat des Inventars

I. Wesen

Die Erbserklärung muß zugleich enthalten, ob sie unbedingt oder bedingt, d. h. „mit Vorbehalt der Rechtswohltat des Inventariums, geschehe" (§ 800). „Die *unbedingte Erbserklärung* hat zur Folge, daß der Erbe . . . haften muß, wenngleich die Verlassenschaft nicht hinreicht" (§ 801; unbeschränkte Haftung). Die *bedingte Erbserklärung* verbindet dagegen den Erben nur so weit, „als die Verlassenschaft für ihre und auch seine eigenen, außer dem Erbrechte ihm zustehenden Forderungen hinreicht" § 802; vgl. § 1445, keine confusio.

II. Wann kommt es zur Errichtung eines Inventars?

Entweder auf Antrag oder von Amts wegen.

1. Auf Antrag

a) des sich bedingt erbserklärenden Erben (§ 802).

b) der die Absonderung begehrende Erbschaftsgläubiger (§ 812).

Das gilt für alle Gläubiger aus Erblasser- oder Erbfallschulden. § 804 nennt den Pflichtteilsberechtigten, § 812 den Noterben, es gilt aber ebenso für die oben genannten Unterhaltsberechtigten.

2. Von Amts wegen (§ 92 AußStrG.):

a) bei begünstigten Erben, d. s. Pflegebefohlene, die Armen, Stiftungen, Gemeinden, Kirchen, öffentliche Anstalten oder der Staat (vgl. die begünstigten Vermächtnisse, §§ 158, 159 AußStrG.);

b) im Fall der Nacherbfolge.

III. Wie wird das Inventar errichtet und wie wirkt es?

1. *Wie das Inventar zu errichten ist,* darüber geben die §§ 93—113 AußStrG. erschöpfend Auskunft. „Das Inventar muß ein genaues und vollständiges Verzeichnis alles beweglichen und unbeweglichen Vermögens, in dessen Besitze sich der Erblasser zur Zeit seines Todes befunden hat, enthalten und den damaligen Wert und Betrag desselben klar anzeigen" (§ 97). Es wird durch einen Gerichtsabgeordneten errichtet, der die nötigen Sachverständigen und die Beteiligten beizieht. Näheres s. AußStrG. Bei Unternehmen ist, entgegen dem veralteten § 106, nicht der bloße Buch(Bilanz)wert, sondern der wahre, durch Veräußerung erzielbare Wert einzusetzen.

2. *Wirkung des Inventars.* Von der Einantwortung ab haftet der Erbe zwar auch mit seinem Vermögen, das ja nicht mehr vom Nachlaß gesondert ist, aber nur bis zur Höhe des Wertes des Nachlasses im Zeitpunkt der Einantwortung, also beschränkt pro viribus hereditatis. Obwohl das Gesetz sich nicht klar ausspricht, ist das heute von Lehre und Praxis übereinstimmend vertretene Auffassung.

„Wird ein zu einem Nachlasse gehörendes Handelsgeschäft von dem Erben fortgeführt", so haftet er nach § 27, I in Verbindung mit § 25 HGB. „für alle im Betriebe des Geschäfts begründeten Verbindlichkeiten des früheren Inhabers" unbeschränkt. Daran kann auch die bedingte Erbserklärung nichts ändern. Er kann die unbeschränkte Haftung nur vermeiden, wenn er das Geschäft nicht weiterführt oder vor Ablauf von drei Monaten die Fortführung einstellt (§ 27, II). Die Frist läuft von der Einantwortung oder von dem früheren Zeitpunkt ab, in dem dem Erben die Besorgung und Benützung der Verlassenschaft überlassen wurde (§ 810). „Ist der Erbe nicht eigenberechtigt und ist für ihn kein gesetzlicher Vertreter bestellt", ist der Fristenlauf gehemmt. Für die Vererbung der Stellung als Gesellschafter einer OHG. oder KommG. vgl. HGB. § 139 in der Fassung des art. 7 Nr. 17 der 4. hr. EinfVO. und § 161.

C. Gläubigereinberufung

1. Die bedingte Erbserklärung, verbunden mit Inventarerrichtung, bietet dem Erben noch keinen genügenden Schutz. So wie das Inventar ihm einen Überblick über die Aktiven verschafft, muß er sich auch einen über die Passiven verschaffen. Das kann er durch Gläubigereinberufung. Sie erfolgt *durch Gerichtsedikt* während der Verlassenschaftsabhandlung. Die Gläubiger werden aufgefordert, ihre Forderungen in einer vom Gericht gesetzten angemessenen Frist anzumelden und darzutun (§ 813).

Dem Erben bekannte Forderungen, z. B. Vermächtnisse, bedürfen der Anmeldung nicht.

2. *Wirkung* der Gläubigereinberufung. Zunächst bewirkt sie *Zahlungsaufschub*. Zugleich verschafft sie dem Erben Überblick über den Schuldenstand; *auf später hervorkommende Gläubiger muß er keine Rücksicht nehmen.*

a) Stellt sich der Nachlaß als nicht überschuldet heraus, hat der Erbe die angemeldeten und die ihm bekannten Schulden voll zu bezahlen.

b) Ist der Nachlaß überschuldet, könnte Konkurseröffnung beantragt werden. Aber auch ohne sie hat der Erbe die Gläubiger, soweit der Nachlaß ausreicht, nach der gesetzlichen Ordnung, d. h. nach den Grundsätzen des Konkursrechtes (Rangordnung, Quote) zu befriedigen.

c) Treten nachträglich Gläubiger hervor, haftet ihnen der Erbe nur, soweit ein Aktivrest geblieben ist. Dingliche Rechte bleiben jedoch unberührt (§ 814).

3. *Wirkung der unterlassenen Gläubigereinberufung.* In diesem Fall oder wenn der Erbe Gläubiger vor Ablauf der gesetzten Frist befriedigt hat, haftet er später hervortretenden Gläubigern auch über die Höhe des Nachlasses hinaus „in dem Maße, als sie die Zahlung erhalten haben würden, wenn die Verlassenschaft nach der gesetzlichen Ordnung zur Befriedigung der Gläubiger verwendet worden wäre“ (§ 815). Hat z. B. der Erbe Gläubiger voll befriedigt und meldet sich noch ein Gläubiger, so muß er ihm, auch wenn der Nachlaß erschöpft ist, jene Quote zahlen, die es auf ihn bei Einberufung der Gläubiger getroffen hätte.

D. Absonderung (separatio bonorum)

1. Die bedingte Erbserklärung, verbunden mit der Gläubigereinberufung, schützt den Erben vor überschuldetem Nachlaß und vor Nachlaßgläubigern; *die Absonderung der Verlassenschaft schützt Nachlaßgläubiger vor dem überschuldeten Erben und dessen Gläubigern, außerdem vor Verschleppung von Nachlaßgegenständen.*

Die Absonderung erfolgt *über Verlangen* (nicht von Amts wegen, § 811!) eines Erblasser- oder Erbschaftsgläubigers. Er kann das Verlangen stellen, wenn er „besorgt, daß er durch Vermengung der Verlassenschaft mit dem Vermögen des Erben für seine Forderung Gefahr laufen könne“ (§ 812). Die Absonderung muß vor der Einantwortung, sie kann auch schon vor der Erbserklärung begehrt werden. Zahlung oder Sicherstellung der Forderung wendet die Absonderung ab.

2. *Wirkung.* Der Nachlaß muß in gerichtliche Verwahrung genommen oder ein Nachlaßkurator bestellt werden. Die Absonderung hindert die Einantwortung nicht, überdauert sie aber bis zur Sicherstellung oder Befriedigung. Die Absonderung wirkt nur zugunsten jener Gläubiger, die sie begehren. Wenn sie aber schon gegen den Erben wirkt, soll sie auch zu seinen Gunsten wirken: Nunmehr haftet den Gläubigern der Nachlaß, aber auch nur er; selbst wenn sich der Erbe unbedingt erbserklärt hätte, haftet er beschränkt mit der Rechtswohltat des Inventars.

3. Nach § 138 AußStrG. darf der inländische Nachlaß eines Ausländers der ausländischen Behörde erst ausgefolgt werden, wenn die inländischen Gläubiger, die durch Edikt einberufen werden, befriedigt oder sichergestellt sind.

§ 19. Miterben

A. Allgemeines

Wenn, wie es die Regel ist, mehrere Erben berufen sind, treten Probleme auf, die wir bisher zurückgestellt haben. Die mehreren Erben können miteinander (Miterben), aber auch statt oder nacheinander berufen sein (Ersatz- und Nacherben; s. u. § 21). Sie müssen nicht alle aus demselben Berufungsgrund berufen sein. Neben Erben kraft Vertrages können solche kraft Testamentes, neben gewillkürte können gesetzliche Erben treten (§ 534); auch können gesetzliche Erben nach gewillkürten Nacherben sein und umgekehrt. Der Satz des römischen Rechtes: „nemo pro parte testatus pro parte intestatus decedere potest" gilt nicht mehr.

Nicht damit zu verwechseln ist der Fall, daß widersprechende Erbserklärungen abgegeben werden, z. B. aus Testament und aus Gesetz, wo dann zu entscheiden ist, ob der eine oder der andere Erbe ist, wo der Streit aber auch zwischen Miterben um die Erbquote gehn kann; s. o. § 16, IV.

B. Bestimmung der Erbteile

1. Sind mehrere Erben durch *Gesetz* berufen, so bestimmt es auch ihre Erbteile; s. noch u. C 3.

2. Für die *gewillkürte* Erbfolge geben die §§ 554—559 Auslegungsregeln:

a) Hat der Erblasser einen ohne Beschränkung zum Erben eingesetzt, erhält er den ganzen Nachlaß (§ 554, 1). Sind es mehrere, erhalten sie den Nachlaß nach § 555 zu gleichen Teilen, ausgenommen den Fall des § 559 (Erbrecht nach Stämmen).

b) Hat der Erblasser einen oder mehrere auf *bestimmte* Erbteile eingesetzt, die das Ganze nicht erschöpfen, sollen die übrigen Teile den gesetzlichen Erben zufallen (§ 554, 2; § 556, 1).

c) Wollte aber der Erblasser die eingesetzten Erben zum ganzen Nachlaß berufen, schadet es nichts, wenn er „in der Berechnung der Beträge oder in der Aufzählung der Erbstücke etwas übergangen hätte" (§ 556, 2).

d) Schon daraus ergibt sich, daß der Wille des Erblassers höchstes Gesetz ist und nur mit dieser Maßgabe die weiteren Auslegungsregeln der §§ 557, 558, 559 gelten.

C. Anwachsung (Akkreszenz)

1. Die §§ 560 ff. geben für den Fall, daß eingesetzte Erben ausfallen, ohne daß der Erblasser über den erledigten Erbteil etwas bestimmt hätte, folgende Auslegungsregel: *Der ausfallende Erbteil soll den unbestimmt Eingesetzten zuwachsen, den bestimmt Eingesetzten nicht.*

Im Einzelfall ist immer zu prüfen, ob die allgemeine Regel auch dem Willen des Erblassers entspricht. Falsch wäre es z. B., zu unterscheiden, ob der Erblasser *A* und *B* je zur Hälfte (auf bestimmte Teile) oder zu gleichen Teilen (unbestimmt) zu Erben eingesetzt hat. In beiden Fällen wollte er an beide zusammen das Ganze vergaben, daher hat der durch den Wegfall des einen erledigte Teil dem andern anzuwachsen.

2. Die Anwachsung setzt voraus, daß ein Berufener wegfällt, also entweder vor dem Erblasser stirbt oder verzichtet oder erbunfähig wird oder ausschlägt. Sie tritt nicht ein, wenn ein *Ersatzerbe oder Erbeserbe* vorhanden ist. Diese *gehn den Anwachsungsberechtigten vor, so wie die Anwachsungsberechtigten wieder den gesetzlichen Erben vorgehn.*

Die Anwachsung soll von selbst, unabhängig vom Willen, eintreten. Aber mit dem Erbteil wachsen dem Miterben auch die Lasten an, „insofern sie nicht auf persönliche Handlungen des eingesetzten Erben eingeschränkt sind" (§ 563). Da ihm auf diese Weise den Zuwachs übersteigende Lasten aufgebürdet werden könnten, muß er wohl die Möglichkeit haben, den Zuwachs auszuschlagen; so schon Zeiller; str.

§ 689, 2 wendet die Vorschriften über die Anwachsung auf *Mitvermächtnisnehmer* an. Läßt man einen *Erbvertrag* zugunsten Dritter zu, wird die Vorschrift über die Anwachsung auch auf ihn anwendbar sein.

3. Aber auch bei der *gesetzlichen Verwandtenerbfolge* spricht man von Anwachsung. Fällt z. B. in der 1. Parentel eines von mehreren Kindern ohne Hinterlassung von Nachkommen oder eines Ehegatten fort, wächst sein Teil den andern Kindern bzw. deren Nachkommen an. Erbt ein Sohn mit Kindern eines verstorbenen Sohnes und fällt eines dieser Kinder weg, kommt das nur seinen Geschwistern, also dem Stamm zugute. Auch in der 2. und 3. Parentel tritt der Zuwachs innerhalb des Stammes ein, z. B. unter den Nachkommen eines verstorbenen Elternteils oder Großelternteils.

Der neben Verwandten erbende Gatte hat, da er eine Sonderstellung einnimmt, kein Anwachsungsrecht.

D. Die Miterbengemeinschaft

I. Allgemeines

Die Miterbengemeinschaft entsteht entweder kraft Gesetzes oder kraft des Willens des Erblassers, jedenfalls beruht sie nicht auf dem Willen der Erben. Sie ist also *nicht Gesellschaft, sondern Gemeinschaft* (communio incidens, § 825 ff.). Eine Bruchteilsgemeinschaft, bei der die Verfügung über das Ganze und über reale Teile nur gemeinschaftlich erfolgen kann, jeder Teilhaber jedoch über seinen Anteil (pars pro indiviso, ideeller Teil) frei verfügen und die Teilung jederzeit, nur nicht zur Unzeit, verlangen kann. Was den Gegenstand der Gemeinschaft anlangt, so bildet die Einantwortung auch hier einen radikalen Einschnitt.

II. Vor Einantwortung

Vor der Einantwortung ist *gemeinschaftliche Sache das Erbrecht* (§ 550, 1), nicht der Nachlaß, der noch ein völlig gesondertes Vermögen bildet. Die Erben können höchstens als Verwalter (Kuratoren) des Nachlasses fungieren. Forderungen des Nachlasses (wozu auch die des Erblassers gehören) gegen die Erben und Forderungen der Erben gegen den Nachlaß (wozu auch die gegen den Erblasser gehören) erlöschen nicht durch confusio. Für Nachlaßverbindlichkeiten haftet nur der Nachlaß, gleich, ob unbedingt oder bedingt erbserklärt wurde (§ 821), gleich für den Alleinerben wie für Miterben. Es ist daher nicht ganz korrekt, von einer *Solidarhaftung der Miterben (§ 550, 2), beschränkt mit dem Nachlaß* (cum viribus) zu sprechen; in Wahrheit sind es Schulden des Nachlasses, nicht ihre persönlichen.

Über sein Erbrecht kann jeder Miterbe frei verfügen (§ 829); er kann es veräußern (§ 1278), belasten, vererben. Verpfänden kann er es nur deshalb nicht, weil das dem Spezialitätsprinzip unseres Pfandrechtes widerspräche, handelt es sich doch nicht um eine Einzelsache, sondern um einen Vermögenskomplex.

III. Nach Einantwortung

Nach der Einantwortung ist *gemeinschafliche Sache der Nachlaß*. Nunmehr sind die Miterben Miteigentümer körperlicher Nachlaßsachen, Mitgläubiger der Nachlaßforderungen nach den Vorschriften der §§ 889, 890. Für die Nachlaßverbindlichkeiten ist zu unterscheiden:

a) Haben die Miterben sich *unbedingt erbserklärt, haften sie unbeschränkt und solidarisch* (§ 820, 1). „Unter sich (d. h. im Innenverhältnis, Regreß) aber sind sie nach Verhältnis ihrer Erbteile beizutragen schuldig“ (§ 820, 2).

b) „Haben die gemeinschaftlichen Erben von der rechtlichen Wohltat des Inventariums Gebrauch gemacht“, haften sie *beschränkt (pro viribus) und anteilig* (§ 821, 2).

Es ist eigenartig, daß das Gesetz nur entweder die unbeschränkte solidarische oder die beschränkte anteilige Haftung kennt. Wollen sich die Miterben die anteilige Haftung sichern, müssen sie — auch bei aktivem Nachlaß — doch ein Inventar errichten und haften dann beschränkt.

c) „Wenn aus mehreren Miterben einige unbedingt, andere aber oder auch nur einer aus ihnen mit Vorbehalt der erwähnten Rechtswohltat sich zu Erben erklären, so ist ein Inventarium zu errichten und die auf diesen Vorbehalt beschränkte Erbserklärung der Verlassenschaftsabhandlung zum Grunde zu legen“ (§ 807, 1). Die Kosten des Inventars treffen die Verlassenschaft (§ 111, I AußStrG.), somit alle Erben. Aber auch *die Rechtswohltat des Inventars kommt allen, auch den unbedingt Erbserklärten, zugute.*

So die hL. — § 807, 2 scheint dem zu widersprechen. Danach würde der unbedingt Erbserklärte die Rechtswohltat des Inventars nur genießen, „solange ihm die Erbschaft noch nicht übergeben (d. h. eingeantwortet) worden“. Allein bis zur Einantwortung braucht er diese Rechtswohltat überhaupt nicht; sie kann ihre Wirkung erst nach der Einantwortung äußern. Aus der Redaktionsgeschichte ergibt sich, daß etwas anderes gemeint war, nämlich daß das Inventar errichtet werden müsse, solange die Erbschaft noch nicht übergeben sei. Aber auch das ist selbstverständlich, denn nach der Einantwortung kann kein Inventar mehr errichtet werden. Nun sagt § 807, 2 außerdem, daß das nicht nur gilt, wenn ein Miterbe sich bedingt erbserklärt, d. h. die Inventarserrichtung verlangt, sondern „in allen Fällen, in welchen ein Inventarium errichtet werden muß". Also auch im Fall der Absonderung. Dort aber bestimmt § 812, 2 ausdrücklich: „In einem solchen Falle hat ihm aber der Erbe, obschon dieser sich unbedingt als Erbe erklärt hätte, aus eigenem Vermögen nicht mehr zu haften." Danach ist die ratio legis klar: Wird — aus welchem Grund immer — ein Inventar errichtet, hat auch der unbedingt Erbserklärte nur mehr beschränkt (und anteilig) zu haften. § 807, 2 ist also ohne den erst in der Superrevision eingefügten mißglückten Nebensatz zu lesen.

<table>
<tr><th rowspan="2">Erbenhaftung</th><th colspan="2">vor Einantwortung</th><th colspan="2">nach Einantwortung</th></tr>
<tr><th>womit?</th><th>wie?</th><th>womit?</th><th>wie?</th></tr>
<tr><td>mit Inventar</td><td rowspan="2">beschränkt cum viribus</td><td rowspan="2">solidarisch</td><td>beschränkt pro viribus</td><td>anteilig</td></tr>
<tr><td>ohne Inventar</td><td>unbeschränkt</td><td>solidarisch</td></tr>
</table>

IV. Erbteilung
AußStrG. §§ 165—171

Wie bei jeder Gemeinschaft kann auch bei der Miterbengemeinschaft jeder Teilhaber die Teilung, außer zur Unzeit, begehren. Das kann vor, das kann auch nach der Einantwortung sein (§ 170). Da aber, wie oben (D, II) bemerkt, der Nachlaß ein Sondervermögen bildet, kann die Teilung niemals vor der Einantwortung in Kraft treten. Andrerseits muß das Gericht mit der Einantwortung nicht bis zur Erbteilung warten (§ 165).

Eigenberechtigte Miterben können sich über die Teilung außergerichtlich (§ 170) oder vor Gericht, aber außerstreitig, in einer dafür angeordneten Tagsatzung (§ 171) einigen. In beiden Fällen liegt ein privater Vertrag vor. Sind Pflegebefohlene oder sonst begünstigte Personen (s. o., § 18 B II 2 a) beteiligt, bedarf die Erbteilung der Genehmigung durch das Abhandlungsgericht (§ 166). Für die Durchführung der Teilung gelten die allgemeinen, bei der Gemeinschaft erörterten Grundsätze; siehe Schuldrecht, besonderer Teil, § 33.

Das *Anerbenrecht* enthält besondere Vorschriften über die Erbteilung; AnerbG. § 10 ff., Tiroler HöfeG. § 15 ff., Kärntner ErbhöfeG. § 8 ff. Nach § 10 AnerbG. hat das Verlassenschaftsgericht vor der Einantwortung von Amts wegen eine Teilung vorzunehmen, wobei der Erbhof dem Anerben zuzuweisen und an Stelle des Hofes der Übernahmspreis als Forderung der Verlassenschaft in die Teilung einzubeziehen ist. Die Berechnung des Übernahmspreises, die Abstattung und Verzinsung der vom Anerben den Weichenden auszuzahlenden Beträge hat so zu erfolgen, daß der Anerbe und damit der Hof wohl bestehen kann. Ist der Anerbe minderjährig, kann die Erbteilung aufgeschoben werden (§ 16 AnerbG.), s. o., § 7 A.

Auch außerhalb des Anerbenrechtes kann es vorkommen, daß ein Erbe oder ein Dritter den Nachlaß oder einzelne Nachlaßgegenstände, z. B. ein Unternehmen gegen Abfindung, übernimmt. Das kann auf freier Vereinbarung unter den Miterben oder auf Erbvertrag oder letztem Willen (Aufgriffsrecht; s. u. § 27 A 6) beruhen.

§ 20. Anrechnung beim Erbteil

Unter Anrechnung wird so Verschiedenes verstanden, daß sich ein gemeinsamer Begriff nicht bilden läßt, er beschränke sich denn darauf, daß es sich um die *Veranschlagung von Zuwendungen aus dem Vermögen des Erblassers bei Berechnung des Erb- oder Pflichtteils* handelt. Bei der Anrechnung auf den Erbteil ist wieder zwischen der Anrechnung unter Kindern und der Anrechnung beim Ehegatten zu unterscheiden, da sie auf ganz verschiedenen Gesichtspunkten beruhen.

A. Anrechnung unter Kindern

Gewisse Zuwendungen unter Lebenden, vor allem die Ausstattung, stellen eine vorweggenommene Erbfolge dar. Es wird i. d. R. dem Willen des Erblassers entsprechen, sie bei Bestimmung der Erbteile der Kinder zu berücksichtigen, so daß die Kinder im Endergebnis gleich bedacht sind (Ausgleichung).

I. Rechtsentwicklung

Das römische Recht kennt die ältere und jüngere Kollation.

1. *Ältere Kollation.* — Sobald kraft prätorischen Rechtes emancipati neben sui erben, ensteht eine Ungleichheit, denn:

a) sui werden erst mit dem Tod des Erblassers vermögensfähig; was sie vorher erwerben halfen, vermehrt das Vermögen des Erblassers und kommt in den Nachlaß;

b) emancipati erwerben dagegen selbständig; würden sie nun in gleicher Weise am Nachlaß teilhaftig, wären sie bevorzugt; daher mußten sie ihr Vermögen einwerfen, und der Erbteil eines jeden wurde von der Gesamtsumme berechnet. Das ist heute hinfällig.

2. *Jüngere Kollation.* — Alle Deszendenten müssen sich anrechnen lassen, was sie unter Lebenden schon im Hinblick auf ihr Erbrecht empfangen haben. Idee: Gleichbehandlung, Ausgleichung. Das gilt heute noch.

II. Geltendes Recht

1. Bei der *vertragsmäßigen und testamentarischen* Erbfolge kann man annehmen, daß der Erblasser selbst der Ausgleichung Rechnung trägt. Die Anrechnung geschieht hier nur, wenn der Erblasser sie ausdrücklich anordnet (§ 790, 1). Ordnet er sie an, ist im Zweifel anzunehmen, daß er sie nach der Idee der Ausgleichung nur zugunsten der andern Kinder und nicht anderer Erben angeordnet hat.

Als die Redaktoren § 790, 1 — nachträglich! — einfügten, übersahen sie, in § 671 die entsprechende Korrektur anzubringen, nämlich die Worte „oder letztwilligen" zu streichen, so daß § 671 die dem § 790, 1 entgegengesetzte Regel aufstellt. Am richtigsten ist es wohl, die zitierten Worte pro non scripto anzusehen.

2. Bei der *gesetzlichen* Erbfolge werden folgende Zuwendungen unter Lebenden (§ 788 „bei Lebzeiten") angerechnet, wobei § 788 durch Auslegung mit den geänderten Verhältnissen in Einklang gebracht werden muß:

a) Die einem Abkömmling anläßlich der Verheiratung gegebene *Ausstattung*. Dazu gehört nicht nur das Heiratsgut und die Widerlage, sondern auch die Aussteuer; str.

b) *Das einem Abkömmling zum Antritt eines Amtes oder Gewerbes Gegebene*. Das gilt heute auch für weibliche Abkömmlinge. Auch die Kosten für die Berufsausbildung können hieher zu zählen sein, wenn sie über die Unterhaltspflicht wesentlich hinausgegangen sind.

c) *Die für einen großjährigen Abkömmling bezahlten Schulden*. Danach sind Schulden Minderjähriger nicht einzubeziehen, gleich ob sie ohne oder mit Genehmigung des Vaters oder vom Minderjährigen im Rahmen seiner Verpflichtungsfähigkeit eingegangen wurden oder ob es sich um Pflichten aus Schadenersatz oder unehelicher Vaterschaft handelt. Hier müßte sich der Erblasser die Erstattung ausbedingen (§ 791) oder sie als fremde Schuld (§§ 1422, 1042) bezahlt haben.

d) Ein entfernterer Abkömmling muß sich den Vorempfang seines vermittelnden Vorfahren anrechnen lassen (§ 790, letzter Satz).

e) Die Anrechnung ist nicht zwingenden Rechtes. Der Erblasser kann sie auch bei andern Zuwendungen ausbedingen (§ 791) oder letztwillig verfügen und umgekehrt sie auch bei den genannten Vorempfängen ausdrücklich erlassen (§ 792, 1). Der Erlaß ist aber nach § 792, 2 unwirksam, insoweit „die nötige Erziehung und Versorgung der übrigen Kinder weder aus ihrem eigenen noch aus dem Vermögen der Eltern bestritten werden könnte".

Nach der Idee der Ausgleichung können die Anrechnung wieder nur Kinder begehren. Über die Frage, ob sie auch der miterbende Gatte verlangen kann, s. u. B, 3 a.

B. Anrechnung beim Ehegatten

1. Nach § 757, I, 3 muß sich der Gatte bei der gesetzlichen Erbfolge anrechnen lassen, was ihm durch Ehepakt oder Erbvertrag aus dem Vermögen des Erblassers zukommt.

a) Eine testamentarische Zuwendung ist somit nicht anzurechnen, wenn sich nicht ein anderer Wille des Erblassers ergibt. Ehepakten und Erbverträge enthalten eben vermutlich die Abfindung der gesetzlichen Erbansprüche, während letztwillige Zuwendungen als zusätzliche Gabe vermeint sind.

b) Was nicht vom Vermögen des Erblassers stammt, ist nicht anzurechnen. Daher der Frau nicht das von ihrer Seite bestellte Heiratsgut, wohl aber Widerlage und Witwengehalt. Bei Gütergemeinschaft gehört das Gesamtgut — gleich, wieviel jeder Teil in die Ehe eingebracht hat, — jedem Gatten zur Hälfte. Daher gehört die eine Hälfte zum Nachlaß, die andere dem Überlebenden als sein Anteil am Gesamtgut. Sie kommt ihm nicht aus dem Vermögen des Erblassers zu, er bleibt daher zusätzlich gesetzlicher Erbe an der andern, den Nachlaß bildenden Hälfte.

c) Der Gatte, dem ein Advitalitätsrecht nach § 1255 ff. zusteht, kann nur dieses *oder* das gesetzliche Erbrecht, nicht beides geltend machen (§ 1258).

2. Die Anrechnung kann jeder Miterbe begehren.

3. Der Grund für die Anrechnungspflicht des Ehegatten ist ein ganz anderer als der für die Anrechnungspflicht der Kinder. Bei den Kindern ist es der Gedanke des Ausgleichs; hier der Gedanke, daß das gesetzliche Gattenerbrecht nur ergänzend den güterrechtlichen Ansprüchen zur Seite stehn soll.

a) Da zwischen Gatten und Kindern keine Ausgleichung stattfindet — wie man schon daraus ersieht, daß der Erbteil des Gatten gleichbleibt, wenn ein Kindeserbteil den andern Kindern zuwächst —, können die Anrechnung unter Kindern wieder nur Kinder und nicht der miterbende Gatte begehren; str.

b) Andrerseits können Kinder die Anrechnung von Vorempfängen im Sinne des § 788, die sie sich untereinander anrechnen lassen müssen, vom Ehegatten nicht begehren, z. B. nicht die Anrechnung der ihm vom Erblasser bezahlten Schuld.

C. Wie erfolgt die Anrechnung?

I. Nach § 793

1. § 793, 1: „Die Anrechnung des Empfangenen zum Erbteile geschieht dadurch, daß jedes Kind den nämlichen Betrag noch vor der Teilung erhält." Diese Regel paßt nur für die einfachen Fälle der Anrechnung zwischen Kindern i. e. S.

a) § 793, 1 paßt nicht für die Anrechnung auf den Gattenerbteil, sei es, daß er mit Kindern, sei es, daß er mit andern Verwandten erbt.

b) Erben Kinder mit Enkeln oder Enkel untereinander, müssen die einzelnen Stämme ausgeglichen werden; s. Beispiel, Anhang E 1.

2. § 793, 2: „Ist die Verlassenschaft dazu nicht hinreichend" (d. h. der Vorempfang übermäßig), „so kann zwar das früher begünstigte Kind keinen Erbteil ansprechen, aber auch zu keiner Erstattung angehalten werden." Die Anrechnung von Vorempfängen auf Erbteile kann also nie zur Herausgabe der Vorempfänge führen. Sie werden nur rechnerisch (ideell), nicht real eingeworfen; s. Beispiel, Anhang E 2.

II. Die heute übliche Berechnungsart

Zum gleichen Ergebnis wie § 793, 1 führt die heute übliche Berechnungsart: Statt den Ausgleichsbetrag noch vor der Teilung für jedes Kind auszuwerfen, werden alle Vorempfänge dem Nachlaß zugerechnet, davon die Erbteile bestimmt und diese jeweils um den Vorempfang vermindert; s. Beispiel, Anhang E 3.

III. Die Wertberechnung
§ 794

Problematisch ist, nach welchem *Zeitpunkt* der Wert der Vorempfänge zu berechnen ist: nach dem der Zuwendung oder nach dem des Erbanfalles. Die Rechtsordnungen entscheiden verschieden. Das ABGB. *unterscheidet* (recht willkürlich!) *zwischen Bargeld, beweglichen und unbeweglichen Sachen.* Für Bargeld enthält es keine Bestimmung, bewegliche Sachen sind nach dem Zeitpunkt des Erbanfalls, unbewegliche nach dem Zeitpunkt des Empfanges zu bewerten.

a) Eine zwischen Empfang und Anfall eingetretene Geldentwertung, wie das in den letzten Jahrzehnten wiederholt der Fall war, muß berücksichtigt werden. Bargeld ist daher nicht mit dem Nennbetrag, sondern mit dem damaligen inneren Wert anzurechnen.

b) Auch bei Liegenschaften ist die Geldentwertung zu berücksichtigen. Sonstige Wertsteigerung, z. B. durch Verbauung des Geländes, kann nach der ausdrücklichen Vorschrift des Gesetzes nicht berücksichtigt werden.

c) Bei beweglichen Sachen erscheint Ehrenzweigs Auslegung noch als die beste, weil sie umständliche Berechnungen wegen Verbesserung oder Verschlechterung der Sache in der Zwischenzeit erspart: Es ist der Wert anzurechnen, den die Sache in ihrem Zustand zur Zeit des Empfanges heute hätte.

D. Wirkung der Anrechnung

Die Anrechnung *wirkt im Innenverhältnis* zwischen den Miterben, *nicht im Außenverhältnis* gegenüber den Nachlaßgläubigern, d. h. der Anrechnungspflichtige haftet ihnen nach Verhältnis seines Erbteiles, ohne Rücksicht darauf, ob er infolge der Anrechnung weniger oder auch gar nichts aus dem Nachlaß erhält. Wohl aber steigt dann sein Rückgriffsanspruch gegen die Miterben.

Erhält ein Erbe wegen übermäßigen Vorempfanges aus dem Nachlaß nichts und will die Haftung gegenüber den Gläubigern vermeiden, muß er die Erbschaft ausschlagen, wodurch er nicht nur nichts verliert, sondern gewinnt.

§ 21. Ersatz- und Nacherbschaft

A. Allgemeines

§ 604, 1 und 2: „Jeder Erblasser kann für den Fall, daß der eingesetzte Erbe die Erbschaft nicht erlangt, einen, und wenn auch dieser sie nicht erlangt, einen zweiten, und im gleichen Falle einen dritten oder auch noch mehrere Nacherben berufen. Diese Anordnung heißt eine gemeine Substitution."

§ 608, 1 und 2: „Der Erblasser kann seinen Erben verpflichten, daß er die angetretene Erbschaft nach seinem Tode oder, in anderen bestimmten Fällen, einem zweiten ernannten Erben überlasse. Diese Anordnung wird eine fideikommissarische Substitution genannt."

Das ABGB. faßt unter dem gemeinsamen Namen Substitution die gemeine und die fideikommissarische zusammen. In beiden Fällen werden außer dem Ersteingesetzten noch weitere Erben bestimmt; bei der gemeinen Substitution zum Ersatz, bei der fideikommissarischen zur Nachfolge. Das ABGB. heißt beide Nacherben. Wir unterscheiden schon im Ausdruck Ersatz- und Nacherben. *Der Ersatzerbe soll gegebenenfalls statt, der Nacherbe nach dem Erstberufenen Erbe werden.* Bei der Ersatzerbschaft wird immer nur *einer* (aut — aut; § 604, 3), bei der Nacherbschaft werden nacheinander *mehrere* (et — et, Vor- und Nacherbe) Erben.

Ersatz- wie Nacherben werden *Erben des Erblassers,* nicht des Ersteingesetzten; s. o., § 14 B 3. § 609 verbietet ausdrücklich die sogenannte *Pupillar- oder Quasipupillarsubstitution,* wodurch Eltern für ein unmündiges oder geisteskrankes Kind über dessen Vermögen verfügen. Ein Erblasser kann immer nur über sein eigenes Vermögen verfügen und nur für dieses Ersatz- oder Nacherben bestimmen.

§ 652 dehnt die für die Ersatz- und Nacherbschaft gegebenen Regeln auf das *Ersatz- und Nachvermächtnis* aus.

B. Ersatzerbschaft

1. Das ABGB. kennt nicht nur die ausdrückliche, sondern auch eine *stillschweigende Bestimmung eines Ersatzerben:*

a) § 608, 3: „Die fideikommissarische Substitution begreift stillschweigend, die gemeine in sich." Der Nacherbe gilt auch als Ersatzerbe, nicht umgekehrt (vgl. § 614).

b) § 779: Setzt der Erblasser ein Kind ein und stirbt es vor ihm, so gelten dessen Kinder als Ersatzerben; s. o., § 17 B 2.

2. § 604 läßt mehrere Grade der Ersatzerbschaft zu. Hat einer das Erbe erlangt, fallen alle weiteren aus. Der Erblasser kann auch mehreren Erben einen gemeinsamen Ersatzerben oder einem Erben mehrere gemeinsame Ersatzerben bestimmen.

3. Normalerweise bestimmt der Erblasser einen Ersatzerben „für den Fall, daß der eingesetzte Erbe die Erbschaft nicht erlangt" (§ 604, 1) — ob er sie nun nicht erlangen *kann* (Erbunfähigkeit, Erbunwürdigkeit) oder nicht erlangen *will* (Ausschlagung). Der Erblasser kann aber auch nur für einen dieser Fälle Ersatzerben bestimmen, dann ist der andere Fall ausgeschlossen (§ 605).

4. Zwar spricht § 604 vom eingesetzten Erben, doch steht nichts im Wege, daß der Erblasser für seine gesetzlichen Erben Ersatzerben bestimmt.

5. Fällt der Ersteingesetzte weg, tritt der Ersatzerbe in seine *Rechtsstellung* ein. Er hat nach § 606 die Lasten, z. B. Vermächtnisse, Auflagen, zu tragen, „wofern sie nicht durch den ausdrücklichen Willen, oder die Beschaffenheit der Umstände, auf die Person des Erben eingeschränkt sind". Als Last wird auch die Einsetzung eines Nacherben angesehen.

Hätte daher der Erblasser sowohl einen Ersatz- als auch einen Nacherben bestimmt, wird nach dieser Regel der eintretende Ersatzerbe nur Vorerbe. Andrerseits gelten nach § 702 Bedingungen, die dem Ersteingesetzten auferlegt wurden, im Zweifel nicht auch für den Ersatzerben. Eine weitere Regel enthält § 607, wenn Miterben wechselseitig als Ersatzerben berufen sind. All das sind nur Auslegungsregeln, und soweit der Wille des Erblassers erforscht werden kann, ist ihm nachzukommen.

6. Die Ersatzerbschaft „erlischt, sobald der eingesetzte Erbe die Erbschaft angetreten hat" (§ 615, I). Solange der Eingesetzte sich noch nicht erbserklärt hat, geht der Ersatzerbe den Anwachsungsberechtigten und den Erben des Eingesetzten (Transmissaren) vor. (Im § 809 sind unter Nacherben gemäß § 604 auch die Ersatzerben zu verstehn.)

Erblasser stirbt am 1. Mai, Ersteingesetzter am 1. Juni, Ersatzerbe am 1. Juli.

a) Eingesetzter hatte angetreten; Ersatzerbe scheidet aus, Transmissare des Eingesetzten treten ein.

b) Eingesetzter hatte ausgeschlagen; er und seine Transmissare scheiden aus, Ersatzerbe und seine Transmissare treten ein.

c) Eingesetzter hatte noch nicht erbserklärt; Ersatzerbe tritt ein, geht den Anwachsungsberechtigten und Transmissaren des Ersteingesetzten vor. — Wäre der Ersatzerbe am 1. Juni, der Ersteingesetzte am 1. Juli gestorben, gingen die Transmissare des Ersteingesetzten denen des Ersatzerben vor, so wie er selbst dem Ersatzerben vorgegangen wäre.

C. Nacherbschaft

I. Nacherbeinsetzung

1. Bei der Nacherbschaft will der Erblasser, daß ein Erbe nach dem andern ins Erbe kommen soll, zuerst der Vor-, dann der/die Nacherben. Er kann Vor- und Nacherben ausdrücklich bestimmen (Erbe mein Sohn, nach ihm sein ältester Sohn). Analoges gilt beim Vermächtnis.

Der Erblasser kann aber auch nur den einen oder andern ausdrücklich bestimmen *(stillschweigende Vor- oder Nacherbschaft):*

a) Ist ein Erbe aufschiebend bedingt oder befristet eingesetzt, so sind die gesetzlichen Erben die Vorerben (§ 707).

b) Setzt der Erblasser Personen ein, die bei seinem Tod noch nicht erzeugt sind, gilt das als Nacherbeinsetzung (Hofdekr. 1845), und die gesetzlichen Erben des Erblassers sind die Vorerben.

c) Analoges gilt bei Vermächtnissen: Ist ein Vermächtnis aufschiebend bedingt oder befristet, hat der Erbe dessen Substanz zu wahren, um sie gegebenenfalls dem Vermächtnisnehmer herausgeben zu können. Ist ein Vermächtnis auflösend bedingt oder befristet, hat der Vermächtnisnehmer die Substanz zu wahren, um sie dem Erben herausgeben zu können.

d) „Hat der Erblasser dem Erben verboten, über den Nachlaß zu testieren", liegt darin nach § 610, 1 eine stillschweigende Nacherbeinsetzung der gesetzlichen Erben des Vorerben. Aus einem Veräußerungsverbot ist nach § 610, 2 noch nicht auf ein Testierverbot zu schließen, daher liegt darin auch keine Nacherbeinsetzung. Hat der Erblasser verfügt, daß das Erbe nach dem Tod des Eingesetzten dessen gesetzlichen Erben zufallen solle, liegt darin das Testierverbot, somit deren Nacherbeinsetzung. Lautet dagegen die Verfügung, daß nach dem Tod des Eingesetzten das Vermögen an dessen Erben — gesetzliche oder testamentarische — fallen solle, so bleibt der Eingesetzte in seiner Verfügung von Todes wegen frei, und es liegt darin keine Nacherbeinsetzung.

2. *Beschränkung der Nacherbfolge.* Eine dauernde Bindung ganzer Vermögensmassen erscheint bedenklich.

Der Erblasser kann zwar *Zeitgenossen* in unbeschränkter Zahl als Nacherben berufen (§ 611). Zeitgenossen sind natürliche Personen, die zur Zeit der Testamentserrichtung geboren (§ 612) oder doch erzeugt (Hofdekr. 1845) sind. Hier reicht die Bindung ja keinesfalls über eine Generation hinaus. Für *Nichtzeitgenossen* beschränkt § 612 die Nacherbfolge bei unbeweglichen Gütern auf einen Grad, bei allen andern auf zwei Grade, wobei aber nur der Nacherbe gezählt wird, „welcher zum Besitze der Erbschaft gelangt ist". Das Familienfideikommiß, das „ein Vermögen für alle künftige oder doch für mehrere Geschlechtsfolger als ein unveräußerliches Gut der Familie erklärt" (§ 618), brauchte die „besondere Einwilligung der gesetzgebenden Gewalt" (§ 627). 1939 abgeschafft, wurde es 1945 nicht wieder eingeführt.

II. Vorerbfall

1. Mit Eintritt des Vorerbfalles ist die Verlassenschaftsabhandlung durchzuführen, die Erbserklärung des Vor- und Nacherben zu verlangen und anzunehmen. Dem Vorerben wird das Erbe eingeantwortet. Der Nacherbe erlangt bereits eine veräußerliche und vererbliche Anwartschaft, ob nun sein Recht befristet oder bedingt ist; diese unzweckmäßige und durchaus nicht immer zweifelsfreie Unterscheidung ist seit § 615, II aufzugeben; s. u. V, 3.

2. Zwischen Vor- und Nacherbfall ist das *Vollrecht zwischen Vor- und Nacherben geteilt.* Beide zusammen haben uneingeschränktes Recht, so wie es einem Alleinerben zustünde. Der Vorerbe kann daher zusammen mit dem Nacherben alle Verfügungen treffen. Für sich allein hat er laut § 613 „das eingeschränkte Eigentumsrecht mit den Rechten und Verbindlichkeiten eines Fruchtnießers". Das ist ein Widerspruch in sich: Ist *der Vorerbe Eigentümer oder Nießbraucher?*

3. Der Vorerbe ist sicher *nicht bloß Nießbraucher,* denn dann wäre der Nacherbe Alleineigentümer, und das Recht des Vorerben könnte bei Erlöschen des Substitutionsbandes nicht zu vollem Eigentum erwachsen.

Wie nahe verwandt jedoch Fruchtgenuß und Vorerbenstellung sind, zeigt ihre vertauschbare Funktion. Z. B. ist oft nicht leicht zu sagen, ob der Erblasser seiner Gattin den Fruchtgenuß vermacht oder sie zur Vorerbin eingesetzt hat. Hier wie dort will er sie lebenslänglich versorgen, den Kindern aber die Substanz wahren. Das Anerbenrecht entscheidet sich in diesem Fall für den Fruchtgenuß; § 14, II AnerbG., § 25 Tiroler HöfeG., § 14 Kärntner ErbhöfeG.

4. In Wahrheit handelt es sich bei der fideikommissarischen Substitution um *geteiltes Eigentum.* Geteilt so, wie es § 629 für das Familienfideikommiß angeordnet hatte: Dem Vor- und Nacherben zusammen steht das Obereigentum, dem Vorerben überdies das Nutzungseigentum zu. Im Eigentumsblatt wird freilich nur der Vorerbe als Eigentümer mit der Beschränkung durch das Substitutionsband eingetragen (§ 158 AußStrG., GAG., § 10); der Nacherbe scheint im Grundbuch nicht auf.

Der *Schatzfund* dient für die Stellung des Vorerben gleichsam als Reagens. Als Fruchtnießer hätte er keinen Anspruch auf die dem Grundeigentümer gebührende Schatzhälfte (§ 511). Andererseits ist auch die Teilung der Schatzhälfte zwischen Nutzungs- und Obereigentümer, wie sie § 1143 (§ 399) bei Erbpacht und Erbzins vorsieht, hier nicht am Platze, ist doch der Vorerbe zusammen mit dem Nacherben auch Obereigentümer. Die analoge Anwendung des § 631 ergibt die richtige Lösung: Der Vorerbe genießt die Schatzhälfte gleich dem Zuwachs, muß aber seinerzeit die Substanz herausgeben. Dasselbe gilt für Treffer, Aktienbezugsrechte und Surrogate (Eigentumsentschädigungen, Schadensversicherungssummen u. dgl.).

5. Wenn § 613 dem Vorerben die *Rechte und Verbindlichkeiten eines Nutznießers* zuspricht, will er sagen, daß dem Vorerben die Nutzung des Fideikommißgutes und des Zuwachses, aber nicht die Substanz gehört (§ 631, 2). Daher fällt der volle Ertrag des Fideikommißgutes in sein freies Vermögen. Seine Gläubiger können nur auf die Früchte, allenfalls durch Zwangsverwaltung, nicht aber auf das Substitutionsgut Exekution führen. Die Verwaltung besorgt der Vorerbe allein. Er darf aber Verfügungen, die über den Rahmen der ordentlichen Verwaltung hinausgehn, nicht bzw. nur unter Aufrechterhaltung des Substitutionsbandes oder mit Zustimmung des Nacherben treffen. Wer von ihm als Scheinerben gutgläubig erwirbt, wird geschützt. Lasten und Aufwendungen trägt der Vorerbe, soweit sie dem Fruchtnießer obliegen, aus seinem freien Vermögen; soweit sie dem Eigentümer obliegen, aus der Substitutionsmasse.

III. Sicherungsmaßnahmen

Der Sicherung des Rechtes des Nacherben dient das *Inventar,* dessen Kosten laut § 111, II AußStrG. der Vorerbe zu tragen hat. Für noch nicht geborene Nacherben ist ein *Substitutionskurator* zu bestellen (§ 77 Z. 3 AußStrG.). Bewegliches Vermögen — bei Liegenschaften muß das Substitutionsband ohnehin verbüchert werden — ist von Amts wegen sicherzustellen, wenn Pflegebefohlene und andere begünstigte Personen (s. o., § 18 B II 2 a) als Nacherben berufen sind und der Gesamtwert der Substitution S 1000 übersteigt. Andere Nacherben können Sicherstellung verlangen (§ 158, I und II AußStrG.), besonders bei sich äußernder Gefahr (§ 520).

Der Nacherbe kann aber auf Sicherstellung verzichten und der Erblasser sie dem Vorerben erlassen. Noch weiter geht die sogenannte *befreite Vorerbschaft, Nacherbschaft auf den Überrest.* Hier schenkt der Erblasser dem Vorerben Vertrauen und will ihn nicht der Kontrolle durch den Nacherben, z. B. die Gattin nicht der durch die Kinder, unterwerfen. Er läßt dem Vorerben die Verfügung unter Lebenden völlig frei, nicht aber die von Todes wegen.

IV. Nacherbfall

Ob mit dem Nacherbfall neuerlich eine Verlassenschaftsabhandlung gepflogen und der Nachlaß dem Nacherben eingeantwortet werden muß, ist streitig, m. E. aber zu verneinen. Die Anwartschaft des Nacherben erwächst nunmehr zum Vollrecht, und er kann die Herausgabe der Substitutionsmasse verlangen, so wie der Eigentümer beim Tod des Nießbrauchers die Herausgabe seines Eigentums. Auch hier gilt der Grundsatz der Surrogation; s. u. § 27 B III 5. Die Teilung der Früchte erfolgt nach der Vorschrift des § 519.

V. Erlöschen der fideikommissarischen Substitution § 615

1. § 615, I unterscheidet zwei Fälle: „Wenn keiner von den berufenen Nacherben mehr übrig ist; oder wenn der Fall, für den sie errichtet worden, aufhört." Beispiel für den zweiten Fall: „Erbe ist mein ältester Sohn; stirbt er kinderlos, mein zweitältester." Der älteste Sohn hinterläßt Kinder.

Das Gesetz gibt zum zweiten Fall zwei Auslegungsregeln:

a) Wurde einem Geisteskranken oder -schwachen ein Nacherbe gesetzt, geschah das vermutlich in der Annahme, daß er in diesem Zustand bleibt. Daher verliert die Substitution nach § 616 ihre Kraft, wenn bewiesen wird, daß er bei voller Besonnenheit eine Verfügung von Todes wegen getroffen oder wenn das Gericht die Entmündigung aufgehoben hat.

b) Hat der Erblasser seinem Kind, das noch keine Nachkommen hatte, einen Nacherben gesetzt und hinterläßt es erbfähige Nachkommen, erlischt die Substitution (§ 617).

2. Stirbt der Vorerbe vor dem Erblasser, wird erbunwürdig oder schlägt aus, nimmt § 608, 3 mit Recht als vermuteten Willen des Erblassers an, daß der *Nacherbe als Ersatzerbe* an seine Stelle trete. — Stirbt der Nacherbe vor dem Erblasser, hat er noch kein Recht erworben, die Nacherbfolge ist vereitelt, der Vorerbe wird alleiniger Erbe.

3. § 615, II. — *Wenn der Nacherbe zwar den Vorerbfall,* d. h. den Tod des Erblassers, *nicht aber den Nacherbfall erlebt,* sollen dann die Erben des Vorerben oder die des Nacherben ins Erbe kommen?

Nach dem Rechtszustand vor der III. TN. hing das davon ab, ob der Nacherbe unter einer Bedingung oder mit einem Termin eingesetzt war. Wenn bedingt, mußte er nach § 703 die Erfüllung der Bedingung, d. h. den Nacherbfall, erleben, um das Recht zu erwerben und zu vererben. Wenn befristet, erwarb und vererbte er es nach § 705 schon vor Eintritt des Termines, also mit dem Vorerbfall.

Der Erblasser macht sich aber nicht immer klar, ob er eine Bedingung oder Befristung setzt. Gerade der Regelfall, daß der Nacherbfall mit dem Tod des

Vorerben eintreten soll, kann als Befristung (dies certus an incertus quando), aber auch als Überlebensbedingung gedeutet werden. Die ältere Lehre und Praxis deuteten die Einsetzung als Überlebensbedingung.

Nunmehr stellt § 615, II die Regel auf: „Sofern nicht ein anderer Wille des Erblassers anzunehmen ist, geht das Recht des fideikommissarischen Erben auch dann auf dessen Erben über (§ 537), wenn er den Eintritt des Substitutionsfalles nicht erlebt.“ Das gilt auch, wenn es sich um eine bedingte Erbeinsetzung handelt: „Wenn meine Frau wieder heiratet (wenn mein Sohn kinderlos stirbt), fällt das Erbe an meinen Bruder.“ § 703 ist nicht mehr als zwingende Vorschrift anzusehen, ja er scheidet für die Nacherbfolge regelmäßig aus.

§ 22. Vermächtnis
§§ 647–694

A. Begriff
§ 647

1. Der Begriff des Vermächtnisses kann nur durch ein negatives Merkmal umschrieben werden: *Zuwendung von Todes wegen, die nicht Erbeinsetzung ist.*

2. In der weit überwiegenden Zahl von Fällen wird das Vermächtnis letztwillig angeordnet; das ABGB. hat das in die Definition des § 647 aufgenommen. Seit der I. TN. gibt es aber das gesetzliche Vorausvermächtnis des Ehegatten (§ 758). Auch der Unterhaltsanspruch des rechtmäßig enterbten Noterben (§ 795) und des überlebenden Ehegatten (§ 796) und der sogenannte Dreißigste der Witwe (§ 1243) könnten als Unterhaltsvermächtnisse kraft zwingender Norm angesehn werden. Schließlich sollte nicht bestritten werden, daß ein Vermächtnis auch in einem Erb- oder bloßen Vermächtnisvertrag angeordnet werden kann; so beim Advitalitätsrecht (§ 1255). Demnach kommen beim Vermächtnis alle Berufungsgründe vor.

3. Wir haben vom römischen Recht die scharfe Scheidung in Erbeinsetzung (Universalsukzession) und Vermächtnis (Singularsukzession) übernommen (§ 535). Es kommt darauf an, ob der Erblasser dem Eingesetzten unmittelbare Verfügung über den ganzen Nachlaß oder einem Bruchteil verschaffen und ihm auch die Schulden auflasten (Erbeinsetzung) oder ihm nur einen obligatorischen Anspruch auf einzelne Stücke geben wollte (Vermächtnis).

Unserm Volk ist diese Unterscheidung fremd. Auf die vom Erblasser verwendete Bezeichnung darf man daher nicht abstellen. „Ich ‚vermache‘ alles meinem Sohn“ ist Erbeinsetzung; „Mein Neffe ‚erbt‘ 10 000“ Aussetzung eines Vermächtnisses. Werden einzelne Nachlaßgegenstände zugewendet, die aber den Hauptteil des Vermögens ausmachen, ohne daß der Rest erwähnt wird („Meinem Sohn das Geschäft, meiner Tochter das Haus“), gilt das als Miterbeinsetzung. Wird der Witwe das Vermögen zur Nutzung hinterlassen und soll dann an die Kinder fallen, kann das als Vor- und Nacherbeinsetzung oder als Vermächtnis des Fruchtgenusses vermeint sein.

4. Unter Festhaltung des Unterschiedes zwischen Erbeinsetzung und Vermächtnis können viele für die Erbeinsetzung geltenden Rechtssätze analog auf das Vermächtnis übertragen werden:

a) Erb- und Testierfähigkeit sind auch für das Vermächtnis erforderlich (§ 647).

b) Die Berufungsgründe sind, wie zu 2. ausgeführt, dieselben.

c) Wie es Mit-, Ersatz- und Nacherben gibt, so auch Mit-, Ersatz- und Nachvermächtnisnehmer.

d) Der Legatar muß das Legat zwar nicht ausdrücklich annehmen, kann es aber annehmen und auch ausschlagen.

B. Personen

§§ 647–652

Das Vermächtnis ist — ähnlich dem Vertrag zugunsten Dritter — ein *dreipersönliches Verhältnis:* Erblasser (Geber); Beschwerter; Bedachter (Begünstigter, Dritter).

1. *Beschwert* ist i. d. R. der Erbe. Ist unter den Miterben der Beschwerte nicht genannt, sind es alle nach Verhältnis ihrer Erbteile (§ 649). Beim Untervermächtnis ist der Vermächtnisnehmer beschwert.

Darin, daß der Beschwerte selbst bedacht ist, liegt die Deckung (nicht das Entgelt!) für seine Leistung an den Begünstigten. Mängelhaftung, wie sie das BGB. bei Gattungsvermächtnis ausdrücklich vorsieht, ist nicht von der Hand zu weisen. Übersteigen die Legate die Deckung des Erben, sieht das Gesetz ihre Kürzung vor (§ 692); s. u. F. Übersteigt ein Sublegat das Legat, kann der Legatar das Legat ausschlagen; darauf fällt es dem Erben zu, der seinerseits das Legat an Stelle des Sublegates dem Sublegatar überlassen kann (§ 650).

2. *Bedacht* ist i. d. R. eine vom Beschwerten verschiedene Person. Wie, wenn einem Miterben ein Vermächtnis zugewendet wird?

a) Ist es ein sogenanntes *Vorausvermächtnis*, z. B. der gesetzliche Voraus des Gatten, wird die Trennung von Erbeinsetzung und Vermächtnis aufrechterhalten. Das Vorausvermächtnis ist vom Nachlaß vorweg abzuziehen und nur der Rest an die Erben zu verteilen. Der bedachte Miterbe ist in Rücksicht auf das Vorausvermächtnis nach § 648 nur als Legatar zu betrachten. Er kann es annehmen und die Erbschaft ausschlagen und umgekehrt. Nacherbschaft und Erbschaftskauf (§ 1279) ergreifen das Vorausvermächtnis nicht. Erschöpft es zusammen mit andern Vermächtnissen den Nachlaß, greift § 690 ein.

Das römische Recht sah dagegen den bedachten Miterben als mit dem Vorausvermächtnis bedacht und beschwert zugleich an — beschwert, soweit es seinen Erbteil betraf, so daß confusio eintrat und er als Vorausvermächtnis nur den Teil erhielt, der die andern Erben belastete.

b) Nach § 671 wird das von den Eltern den Töchtern vermachte Heiratsgut, „wofern es nicht ausdrücklich als ein Vorausvermächtnis erklärt worden“, in den Erbteil eingerechnet. Es ist ein (fälschlich) *sogenanntes*

Hineinvermächtnis, in Wahrheit kein Vermächtnis, sondern gehört zum Erbteil. Handelt es sich um vermachte Stücke aus der Verlassenschaft, z. B. ein Haus, so liegt darin eine Teilungsanordnung: an Stelle des zugewiesenen Stückes ist sein geschätzter oder vom Erblasser angeordneter Wert der Verlassenschaft zuzuschlagen.

3. Es muß ein auf die Leistung Berechtigter vorhanden sein, sonst haben wir es mit *Auflage* (§ 709 ff.) zu tun. So, wenn SCHOPENHAUER seinen Erben die lebenslängliche Verpflegung seines Pudels auftrug; wenn der Erblasser dem Eingesetzten aufträgt, den Betrag für eine Reise, für den Erwerb einer Wohnung zu verwenden (Auflage im Interesse des Beschwerten).

Auch bei der Auflage gibt es Klageberechtigte. Sie klagen aber, anders als der Vermächtnisnehmer, nicht auf Leistung für sich, sondern nehmen nur das Interesse des Erblassers bzw. öffentliche Interessen wahr. Die Grenze zwischen Vermächtnis und Auflage wird fließend, wenn der Erblasser einen Personenkreis bedenkt (§ 651). Ist der Kreis eng begrenzt, liegt Vermächtnis vor. Die Bedenkung der Armen ohne Zusatz deutet ein Hofdek. von 1846 als Vermächtnis an den Fürsorgeverband. Wird dem Erben die beliebige Verteilung unter den Armen überlassen, ist es Auflage.

Die Auflage kann auch in einem Verbot bestehn, z. B. in einem Bestreitungsverbot *(kassatorische Klausel),* soweit es zulässig ist (§ 720); in einem Veräußerungs- oder Belastungsverbot (§ 364 c), während ein Testierverbot nicht als Auflage, sondern als Nacherbeinsetzung gilt (§ 610).

4. Die §§ 681–683 enthalten Auslegungsregeln.

C. Gegenstand

§§ 653–680

1. Gegenstand des Vermächtnisses ist *„alles, was im gemeinen Verkehre steht"* (§ 653), *alles, worauf eine Forderung möglich ist.* Ist die Sache nicht verkehrsfähig, ist das Vermächtnis hinfällig. Ist nur die bedachte Person nicht erwerbsfähig, spricht § 654 Ersatz zu. Ist z. B. Grunderwerb durch Ausländer verboten, kann der damit bedachte Ausländer Wertersatz verlangen. Das Vermachte muß nicht zum Nachlaß gehören; im Zweifel bezieht sich das Vermächtnis freilich auf Nachlaßgegenstände (§§ 656–658). Ein Geldlegat muß aber auch entrichtet werden, wenn im Nachlaß Bargeld nicht oder nicht genug vorhanden ist (§ 658, 2). Zulässig ist auch das sogenannte Verschaffungsvermächtnis, darauf gerichtet, eine fremde Sache für den Bedachten anzuschaffen (§ 662). Hat aber der Erblasser die vermachte Sache verkauft, verschenkt, verarbeitet oder verloren, ist das Vermächtnis für widerrufen anzusehen (§ 724). Ist die Sache untergegangen, kann der Vermächtnisnehmer bei Verschulden des Beschwerten Ersatz verlangen; u. U. kann auch an ihre Stelle das Surrogat (Anspruch auf Versicherungssumme, auf Entschädigung durch den Schädiger) treten.

2. Für das *Gattungsvermächtnis* (§ 656), und zwar das reine (§ 658) wie das beschränkte (§ 657), stellt das ABGB. Regeln auf, die analog für das Wahlvermächtnis gelten. Die Auswahl hat wie auch sonst bei der Wahlschuld (§ 906) im Zweifel der Beschwerte. Er muß aber ein Stück wählen, wovon der Legatar Gebrauch machen kann (§ 656, 2). Ist der Legatar wahlberechtigt, kann er auch das beste Stück wählen. Der Erblasser kann die Auswahl einem Dritten überlassen (§ 659, 1). Stirbt dieser vor der Wahl oder schlägt sie aus, bestimmt das Gericht das Legat „mit Rücksicht auf den Stand und das Bedürfnis des Legatars" (§ 659, 2). Dasselbe gilt, wenn der wahlberechtigte Legatar vor der Wahl stirbt (§ 659, 3).

3. *Forderungen* als Gegenstand des Vermächtnisses:

a) Vermacht der Erblasser seine Forderung gegen einen Dritten, bewirkt das Forderungsübergang auf den Bedachten (*legatum nominis, Forderungsvermächtnis i. e. S.;* §§ 664, 668).

b) Vermacht der Erblasser seine Forderung gegen den Bedachten selbst, bewirkt das Schulderlaß (*legatum liberationis, Befreiungsvermächtnis;* §§ 663, 666).

c) Vermacht der Erblasser seine Schuld gegen den Bedachten, bewirkt das Schuldanerkenntnis und verwandelt die Schuld in eine Legatsschuld (*legatum debiti, Schuldvermächtnis,* § 665). Vermachung einer gleich hohen Summe wie der vom Erblasser dem Legatar geschuldeten ist im Zweifel nicht Schuldvermächtnis (§ 667).

d) Vermacht die Frau dem Mann das *Heiratsgut,* ist das Befreiungsvermächtnis (§ 669): Der Mann muß das Heiratsgut nicht mehr zurückstellen. Vermacht der Mann der Frau das geschuldete Heiratsgut, ist das ein Schuldvermächtnis (§§ 665, 669). § 670 gibt eine Auslegungsregel über den Umfang des Heiratsgutes, das ein Dritter vermacht. Zu § 671 s. o., B 2 b.

4. Die §§ 672—680 geben über die Bedeutung verwendeter Ausdrücke Auslegungsregeln, die weiterer Erläuterung nicht bedürftig und zum Teil von zweifelhaftem Wert sind. Entgegengesetzte stärkere Vermutungsgründe heben sie auf (§ 683, 2).

D. Erwerb des Vermächtnisses

1. Das Vermächtnis begründet ein *Forderungsrecht* gegen den Beschwerten. Das mit dinglicher Wirkung ausgestattete *Vindikationslegat* des römischen Rechtes ist unserm Recht unbekannt (§ 684, 2).

2. Wie bei jeder Forderung, ist der Zeitpunkt der *Entstehung* und der der *Fälligkeit* auseinanderzuhalten.

a) Der Zeitpunkt der *Entstehung* der Vermächtnisforderung (dies cedens, Anfallstag) ist der Erbfall (§ 684, 1), bei aufschiebend bedingtem Vermächtnis der Bedingungsfall (§ 699). Damit wird das Vermächtnis veräußerlich und vererblich. Ein Rentenvermächtnis fällt als Ganzes mit dem Erbfall an, nicht jede Rate mit ihrem Zahlungstermin.

Von dem Erbanfall hängt der Erwerb des Vermächtnisses nicht mehr ab. Erbfall und Erbanfall fürs Erbe entsprechen dem Anfallstag und dem Fall der Bedingung für das Vermächtnis.

Der Anfall des Vermächtnisses erfolgt von selbst. Der Vermächtnisnehmer muß keine der Erbserklärung analoge Erklärung abgeben. Er kann es, und dann ist seine Erklärung unwiderruflich. Wenn er das Vermächtnis nicht annehmen kann oder will (ausschlägt), fällt es an den Ersatz- oder Nachvermächtnisnehmer oder wächst Mitvermächtnisnehmern an. Sonst bleibt, weil erledigt, das Vermächtnis in der Erbmasse, das Untervermächtnis im Hauptvermächtnis (§ 689).

b) Die *Fälligkeit* (dies veniens, Zahlungstag) tritt grundsätzlich ein Jahr später, beim Vermächtnis einzelner Verlassenschaftsstücke, kleiner Belohnungen der Dienstnehmer und bei frommen Vermächtnissen aber sogleich ein (§ 685). Fromm ist entgegen der hL. nicht eng zu verstehn, sondern mit gemeinnützig gleichzusetzen; vgl. § 646, § 778, AußStrG. § 159, ProkuratursG. § 1 III 2. Dasselbe gilt für das Legat des Unterhaltes und das Rentenvermächtnis (§ 687, 3). Vom Zahlungstag ab sind Verzugszinsen zu leisten. Es bedarf keiner Mahnung, da der Zahlungstag hier durch das Gesetz bestimmt ist (§ 1334).

3. Den vermachten Gegenstand selbst erwirbt der Bedachte jeweils erst *durch singulären Erwerbsakt:* Sachen und Sachenrechte durch Übergabe bzw. Einverleibung (§ 688, 2; § 437), vermachte Forderungen durch Zession usw. Wurde eine bestimmte Sache aus dem Nachlaß vermacht und dem Bedachten noch nicht übergeben, wird sie daher mit Einantwortung zunächst Eigentum des Erben. Ist die vermachte Sache belastet, geht sie mit der Last auf den Bedachten über (§ 662, 3).

Geht auch die durch das Pfandrecht gesicherte Schuld über, d. h. muß er die Schuld aus eigenem abtragen oder kann er gegen den Erben Rückgriff nehmen? Das Gesetz und meist auch der vermutliche Wille des Erblassers ergeben keine eindeutige Entscheidung.

Aber schon vom Zahlungstag ab hat der Bedachte Anspruch auf Nutzungen der Sache, trägt die sie treffenden Verbindlichkeiten, z. B. Grundsteuer und die Gefahr (§ 686).

Für Nachlaßschulden haftet der Bedachte nicht, ist vielmehr selbst Gläubiger des Nachlasses bzw. des Erben.

E. Sicherstellung

1. Ein gesetzliches Pfandrecht, wie es das römische Recht zum Schutz der Vermächtnisforderung kannte, lehnt das ABGB. ab; § 688, 1 will negativ sagen, daß die Legatare gegenüber andern Gläubigern keine Privilegien genießen. Die separatio bonorum können sie so wie Erbschaftsgläubiger verlangen (§ 812).

2. Das AußStrG. knüpft wieder an das ältere Recht an: Die begünstigten, das sind fromme und gemeinnützige Vermächtnisse (§ 159) und Vermächtnisse für Pflegebefohlene (§ 160) müssen von Amts wegen

sichergestellt werden; auf Antrag des Vermächtnisnehmers (§ 161, II) andere Vermächtnisse, die noch nicht fällig sind oder bei denen es sich um fortlaufende Zahlungen (Leistungen) handelt, falls sie einen gewissen Wert, derzeit S 1000, übersteigen.

Ob die Sicherstellung im streitigen oder außerstreitigen Verfahren durchzusetzen ist, darüber gehn die Meinungen auseinander. Mehr dürfte für das außerstreitige Verfahren sprechen, jedenfalls bis zur Einantwortung.

F. Kürzung von Vermächtnissen
§ 690 ff.

1. *Erschöpfen* Vermächtnisse und andere Lasten den Nachlaß, kann der Erbe, wenn er nicht auszuschlagen vorsieht, mit der Rechtswohltat des Inventars annehmen und „die Vergütung seiner zum Besten der Masse gemachten Auslagen und eine seinen Bemühungen angemessene Belohnung" oder die Bestellung eines Kurators zur Verwaltung des Nachlasses begehren (§ 690). Die quarta Falcidia des römischen Rechtes kennen wir nicht.

2. *Übersteigen* die Lasten den Nachlaß und hat der Erbe mit der Rechtswohltat des Inventars angetreten, erleiden die Vermächtnisse (die ja den andern Nachlaßschulden nachgehn) „einen verhältnismäßigen Abzug" und kann der Erbe die Legate zurückhalten (§ 692). An Stelle eines Rentenvermächtnisses wäre das Bedeckungskapital zu kürzen. Das Legat des Unterhaltes ist vor allen andern Legaten ungekürzt zu entrichten (§ 691). Wurden die Vermächtnisse aber bereits entrichtet, hat der Bedachte das Übermaß in Geld zurückzuerstatten, kann aber auch — facultas alternativa — das Vermächtnis als Ganzes oder die noch vorhandene Bereicherung zurückstellen (§ 693).

§ 23. Schenkung und Auftrag auf den Todesfall

I. Das Problem

1. Immer wieder erfolgen Vergabungen auf den Todesfall nicht in der für Verfügungen von Todes wegen gebotenen Form. Es handelt sich dabei durchwegs um Verfügungen über Einzelstücke (Singular-, nicht Universalsukzession). *Zwei Gruppen* von Fällen lassen sich unterscheiden:

a) Der *Erblasser gibt oder verspricht dem Begabten selbst* das ihm Zugedachte: „Da hast Du meine Uhr zum Andenken." „Nimm das Sparkassabuch; wenn ich sterbe gehört es Dir." Oder: „Wenn ich sterbe, nimm meine Uhr zum Andenken." „Wenn ich sterbe, ist die Schuld erlassen."

b) Der *Erblasser bedient sich eines Mittlers:* „Da hast Du meine Uhr; gib sie, wenn ich sterbe, meinem Bruder." Oder: „Wenn ich sterbe, nimm meine Uhr und gib sie meinem Bruder." Oder: Der Erblasser weist die Bank an, sein Konto im Fall seines Todes dem Freund auszufolgen.

Danach unterscheiden wir: Schenkung auf den Todesfall und Auftrag auf den Todesfall.

2. Soll die Rechtsordnung solche Verfügungen gelten lassen, obwohl sie dasselbe bezwecken wie Verfügungen von Todes wegen, ohne die dafür gebotene Form einzuhalten, daher auch nicht mit den nötigen Garantien für Echtheit und Unverfälschtheit? Weder die Gesetzgebung noch die Lehre noch die Praxis konnten eine einwandfreie Lösung finden. Den Erblassern ist dringend zu empfehlen, in solchen Fällen ein Testament zu errichten.

II. Schenkung auf den Todesfall §§ 603, 956

1. Als Schenkung auf den Todesfall bezeichnet § 956 *„eine Schenkung, deren Erfüllung erst nach dem Tode des Schenkenden erfolgen soll“*. Nicht darunter fallen daher:

a) entgeltliche Verträge, auch wenn sie erst mit dem Tod des Vertragspartners erfüllt werden sollen;

b) Schenkungen, deren Erfüllung nicht auf den Tod des Schenkers abgestellt ist; s. u. 3.

2. Die Schenkung auf den Todesfall kann nach dem Gesetz auf zweierlei Weise gültig erfolgen:

a) *in der Form und mit der Wirkung eines Vermächtnisses,* d. h. als widerrufliche letztwillige Verfügung (§ 956, 1).

b) *in der Form und mit der Wirkung eines Schenkungsvertrages,* also durch einen Notariatsakt, der in diesem Fall nicht nur das Versprechen und die Annahme, sondern auch den ausdrücklichen Widerrufsverzicht beurkunden muß (§ 956, 2). Das letzte, um dem Erblasser zum Bewußtsein zu bringen, daß er, auch wenn die Wirkung erst mit dem Tode eintritt, die Schenkung nicht einseitig widerrufen kann, es läge denn einer der auch für Schenkungen unter Lebenden anerkannten Widerrufsgründe der §§ 947 ff. vor.

3. In den oben, I, 1 a, gegebenen Fällen ist keine dieser Formen eingehalten, sie sind daher als Schenkungen auf den Todesfall ungültig. Nur als *Schenkungen unter Lebenden* können sie aufrechterhalten werden, *wenn nicht nur versprochen, sondern wirklich übergeben* wurde, somit die Erfüllung schon bei Lebzeiten erfolgte. Wir stehn also vor der gleichen Frage wie bei Schenkungen unter Lebenden: Wann ist wirklich übergeben? Antwort: Wenn zum Konsens ein sinnfälliges, nach außen kenntliches Nahverhältnis des Beschenkten hinzutritt, wobei freilich Zweifelsfälle bleiben.

Nun tritt hier noch — ausdrücklich oder stillschweigend — die Bedingung des Ablebens hinzu. Ist aber wirklich übergeben, wird sie nicht als eine das Eigentum aufschiebende Bedingung angesehn, sondern in eine auflösende umgedeutet für den Fall, daß der Erblasser mit dem Leben davonkommt.

Hat der Erblasser das Zugedachte nicht übergeben, sondern nur auf den Fall seines Todes versprochen, soll die Erfüllung erst nach dem Tod des Erblassers erfolgen, so liegt Schenkung auf den Todesfall vor, die aber mangels Form ungültig ist.

Den *Erlaß* läßt die Praxis auch bei der Schenkung unter Lebenden als Verfügung formlos gelten. Dasselbe muß dann auch für den Erlaß auf den Todesfall gelten.

Über die *Lebensversicherung s. o., § 2 C II 6.*

4. Die *formgültige Schenkung auf den Todesfall.* Soweit sie Vermächtnis ist, untersteht sie dem Vermächtnisrecht. Wie aber, wenn sie nach § 956, 2 ein Vertrag ist? Das ABGB. hat die Schenkung auf den Todesfall nicht der römischen donatio mortis causa nachgebildet, sondern sie aus dem deutschen Recht (donatio post obitum) übernommen. Sie ist also nicht als Verfügung von Todes wegen unter der Überlebensbedingung gedacht, sondern als Vertrag auf den Todesfall unter der Befristung des Todes. Nach der hL. gibt sie daher dem Beschenkten ein vererbliches Recht, auch wenn er vor dem Schenker stirbt. Ob der Erblasser das gewollt hat, läßt sich umso mehr bezweifeln, als er die Schenkung auf den Todesfall i. d. R. in der Annahme seines bevorstehenden Todes und des Überlebens des Beschenkten macht.

Ob der Beschenkte als Nachlaßgläubiger oder wie ein Vermächtnisnehmer zu betrachten ist, ist streitig.

III. Auftrag auf den Todesfall

Zum Unterschied von der Schenkung auf den Todesfall ist der Auftrag auf den Todesfall nicht besonders geregelt. Von einem Auftrag auf den Todesfall sprechen wir analog der Schenkung auf den Todesfall, wenn er erst nach dem Tod des Schenkers ausgeführt werden soll. Wir können auch hier auf dasselbe Kriterium wie bei der Schenkung auf den Todesfall abstellen: Hat der Erblasser dem Mittelsmann übergeben oder ist das Zugedachte bereits in dessen Händen (Bankkonto), erwirbt der Bedachte mit dem Tod des Erblassers unmittelbar ein Recht, das er sowohl gegen den Mittler (§ 881, II) wie gegen die Erben geltend machen kann. Das zweite wird bestritten, so daß der Bedachte sein Recht verlieren soll, wenn der Mittler das Zugedachte nicht ihm, sondern den Erben ausfolgt.

Über die Lebensversicherung s. o., § 2 C II 6.

§ 24. Pflichtteilsrecht, Rechtsentwicklung und Rechtsvergleichung

Ursprünglich konnten die geborenen Erben — das ist der nächste Kreis der Familie, besonders die Nachkommen — überhaupt nicht durch gekorene Erben ausgeschlossen werden. Das berichtet Tacitus von den Germanen. Aber auch der Zwölftafelsatz: „si intestato moritur cui suus heres nec escit“ ist wohl dahin zu deuten, daß ein Testament nur in Frage kam, wenn sui nicht vorhanden waren. —Vorübergehend hat die französische Revolution das Testieren aufs äußerste beschränkt, weil man fürchtete, daß durch das Testament (das hier als Instrument des Familieninteresses erscheint) das abgeschaffte Vorrecht der Erstgeburt aufrechterhalten werde. — Das Reichserbhofgesetz von 1933 schloß gleichfalls die Testierfreiheit fast ganz aus; hier mit dem gegenteiligen Zweck — nämlich, um den Hof einem Erben, dem Anerben, zu sichern.

Heute geht das Bemühen des Gesetzgebers um „gerechte" Erbordnung. Dem dient die gesetzliche Erbfolge notwendig mehr schablonenhaft; dem dient auch die gewillkürte Erbfolge, sofern sie die Anpassung an den Einzelfall besorgt. Die Gefahren der Testierfreiheit werden oft überschätzt: In der Regel trachtet der Erblasser, dem Familieninteresse gerecht zu werden. Auswüchse bekämpft die Rechtsordnung durch Beschränkung der Testierfreiheit..

I. Arten der Beschränkung der Testierfreiheit

1. Das *System der Reserve* behält einen Teil des Vermögens den nächsten Angehörigen vor, so daß der Erblasser nur über einen Teil verfügen kann. Bei diesem System ist der Noterbe Erbe und erhält ein Recht auf die Erbschaftsgegenstände selbst. Zu diesem System bekennen sich: Nach dem Vorbild des Code Civil der romanische Rechtskreis, einschließlich mittel- und südamerikanischer Staaten; die Schweiz; die nordischen Staaten. Wir folgen diesem System bei den wegen Verschwendung oder Mißbrauches von Alkohol oder Nervengiften beschränkt Entmündigten (§ 568). — Eine Abwandlung zerlegt das Vermögen in drei Teile: den nicht verfügbaren, den frei verfügbaren und den nur zugunsten von Abkömmlingen verfügbaren, womit eine unserem Anerbenrecht ähnliche Begünstigung erzielt werden kann. Von drei Kindern erhält z. B. der Anerbe das frei verfügbare Drittel, das für Abkömmlinge verfügbare Drittel und vom nicht verfügbaren seinen Anteil, insgesamt $1/3 + 1/3 + 1/9 = 7/9$.

2. Das *System des Geldpflichtteils* gibt dem Berechtigten nur ein Forderungsrecht auf einen Wertteil (eine Quote) seines gesetzlichen Erbteiles. Der Pflichtteilsberechtigte ist nicht Noterbe und kommt auch nicht ins Erbe selbst. Dieses System teilt Österreich mit Deutschland. Auch dieses System kann zur Begünstigung eines Erben dienen, wenn die Wertbemessung entsprechend niedrig erfolgt; s. o., § 7 A II 5.

3. Das *System des Unterhaltsanspruchs* gewährt nächsten Angehörigen, wenn sie unterhaltsbedürftig sind, was sie zum Unterhalt brauchen. Es ist gleichsam die Fortsetzung der Unterhaltspflicht des Erblassers bei seinen Lebzeiten. Auch hier wird der Noterbe nicht Erbe und erhält nur ein relatives Recht. Aber nicht wie beim Geldpflichtteil unter allen Umständen und im Verhältnis zur Größe des Nachlasses, sondern nur bei Bedürftigkeit und ohne Rücksicht auf die Größe des Nachlasses. Hat der Erblasser seine Unterhaltsberechtigten versorgt, ist er in der Verfügung frei. Dieses System besitzen Mexiko und andere mittelamerikanische Staaten und die kommunistischen Rechtsordnungen haben es übernommen. Das österreichische Recht kennt es an Stelle des Pflichtteilsrechtes beim Ehegatten, beim unehelichen Kind und für enterbte Noterben.

4. Das Ergebnis, zu dem die drei Systeme auf verschiedenem Weg kommen, weicht nicht so stark voneinander ab, wie man zuerst meinen könnte. Daher ergibt es ein falsches Bild, wenn man z. B. sagt, nach österreichischem Recht sei — zum Unterschied vom deutschen Recht — der Ehegatte nicht pflichtteilsberechtigt; er hat dafür den Unterhaltsanspruch, der ihm u. U. sogar mehr gibt. Auch das uneheliche Kind ist gegenüber dem ehelichen, was das Pflichtteilsrecht anlangt, nicht so sehr benachteiligt; anders bezüglich des gesetzlichen Erbrechtes.

II. Der Kreis der Noterben

1. Vorauszuschicken ist, daß es sich zunächst um die *ehelichen Verwandten handelt.* Die Nachkommen sind außer Diskussion. Von den Vorfahren sind es die Eltern, während fernere Aszendenten in das ABGB. nur mit knapper Mehrheit gegen ZEILLERS Stimme aufgenommen wurden. Die romanischen Rechte beziehen sie gleichfalls ein. In der Schweiz und in Deutschland sind sie nicht pflichtteilsberechtigt. Richtig wäre wohl ein Unterhaltsanspruch gegen den Nachlaß. Das Pflichtteilsrecht der Geschwister und schon gar der Kinder von Geschwistern (bäuerliche Kantone der Schweiz) ist seltene Ausnahme. Einen gewissen Ersatz bietet die Heimatzuflucht im Anerbenrecht.

2. Dem *Ehegatten* räumen manche Rechte, z. B. in Deutschland, ein Pflichtteilsrecht ein, andere, z. B. England, versagen es ihm, andere, darunter Österreich und Frankreich, gewähren ihm einen Unterhaltsanspruch.

3. Ob und wieweit *uneheliche Kinder* ein Pflichtteilsrecht haben, hängt mit ihrer Rechtsstellung überhaupt zusammen; siehe Familienrecht. Nach unserem Recht und dem der BDR ist in der mütterlichen Linie die uneheliche der ehelichen Verwandtschaft gleichgestellt, daher besteht auch gegenseitig gesetzliches Erbrecht und Pflichtteilsrecht. Nicht so gegenüber der väterlichen Linie. Statt dessen haben uneheliche Kinder Anspruch auf Unterhalt gegen den Nachlaß des Vaters.

III. Reformpläne

Die geplante Neuregelung sieht ein Pflichtteilsrecht des Gatten (s. o. § 6 B IV) und zwischen unehelichem Kind und Vater (s. o. § 5 II 5) vor.

§ 25. Geltendes Pflichtteilsrecht Pflichtteilsähnliche Unterhaltsansprüche

I. Der Kreis der Pflichtteilsberechtigten im allgemeinen

Pflichtteilsberechtigt sind nach § 762 Kinder und in deren Ermangelung Eltern (nicht der Ehegatte, nicht Geschwister!). § 763, 1 versteht „nach der allgemeinen Regel“ (§ 42) unter Kindern alle Nachkommen und unter Eltern alle Vorfahren. Nach § 763, 2 „findet hier zwischen dem männlichen und weiblichen Geschlechte, zwischen ehelicher und unehelicher Geburt kein Unterschied statt“. Doch schränkt der Schluß des Satzes das dahin ein, „sobald für diese Personen das Recht und die Ordnung der gesetzlichen Erbfolge eintreten würde“.

Mit dieser Maßgabe gehören generell zum Kreis der Pflichtteilsberechtigten:

1. *Nachkommen:*

a) eheliche;

b) durch nachfolgende Ehe Legitimierte und deren Nachkommen (§ 752);

c) ehelich erklärte Kinder und deren Nachkommen nach dem Vater, nicht nach dessen Vorfahren (§ 753);

d) Wahlkinder und ihre im Zeitpunkt der Adoption minderjährigen Nachkommen nach den Wahleltern, nicht nach deren Vorfahren (§ 182, I); natürlich auch nach ihren leiblichen Eltern und deren Vorfahren;

e) uneheliche Kinder nach der Mutter und deren Vorfahren (§ 754).

2. *Vorfahren:*

a) eheliche;

b) ebenso bei Legitimation durch nachfolgende Ehe (§ 756);

c) nach einem ehelich erklärten Kind der Vater, nicht aber seine Vorfahren (§ 756);

d) Wahleltern, nicht deren Vorfahren; sie gehn den leiblichen Eltern vor (§ 182, b, II);

e) die uneheliche Mutter und deren Vorfahren (§ 756).

II. Die Feststellung der Pflichtteilsberechtigten im Einzelfall

Um festzustellen, ob jemand pflichtteilsberechtigt ist, muß man vorweg feststellen, ob er im gegebenen Fall als gesetzlicher Erbe berufen wäre; vgl. § 763 Schluß: „sobald für diese Personen ...“. Daraus folgt:

a) Vorfahren sind nicht pflichtteilsberechtigt, solange erbberechtigte Nachkommen vorhanden sind; vgl. § 762 „in deren Ermangelung“. Die Kinder eines Kindes nicht, solange der vermittelnde Vorfahre lebt. Erbunfähige, Verzichtende und Erbunwürdige zählen nicht (§ 767); nur der Verzicht wirkt im Zweifel auch auf die Nachkommen (§ 551, 3). Ist z. B. der einzige Sohn des Erblassers erbunwürdig, so sind dessen Nachkommen und wenn er keine hat, die Eltern des Erblassers pflichtteilsberechtigt.

b) Ein selbst nicht Pflichtteilsberechtigter kann einen zum Kreis der Pflichtteilsberechtigten Gehörenden ausschließen: der Bruder des Erblassers (2. Parentel) dessen Großvater (3. Parentel); der Ehegatte die Urgroßeltern.

III. Was gebührt als Pflichtteil?

1. Nach den §§ 765, 766 beträgt der Pflichtteil für Nachkommen $1/2$, für Vorfahren $1/3$ des gesetzlichen Erbteils.

Um festzustellen, wieviel jemandem als Pflichtteil gebührt, muß man daher vorweg feststellen, ob und was er nach der gesetzlichen Erbfolge zu erhalten hätte. Insbesondere beeinflußt der Ehegatte, obwohl selbst nicht pflichtteilsberechtigt, durch seinen gesetzlichen Erbteil den Pflichtteil, und zwar auch dann, wenn der Erblasser den Ehegatten gar nicht bedacht hat.

2. § 774, 1: „Der Pflichtteil kann in Gestalt eines Erbteiles oder Vermächtnisses, auch ohne ausdrückliche Benennung des Pflichtteiles hinterlassen werden.“ Das ist recht häufig. Der Eingesetzte ist in solchem Fall Erbe oder Vermächtnisnehmer; anders, wenn der Erblasser ihn ausdrücklich auf den Pflichtteil gesetzt hat.

3. § 774, 2—4: „Er (sc. der Pflichtteil) muß aber dem Noterben ganz frei bleiben. Jede denselben einschränkende Bedingung oder Belastung

ist ungültig. Wird dem Noterben ein größerer Erbteil zugedacht, so kann sie nur auf den Teil, welcher den Pflichtteil übersteigt, bezogen werden." Eine solche einschränkende Bestimmung wäre die Nacherbeinsetzung; sie wäre nur für den überschüssigen Teil gültig. Der Erblasser kann aber für den Fall, daß der Eingesetzte die Beschränkung bekämpft, ihn auf den Pflichtteil setzen (Sozinische Kautel); dann kann er nicht den überschüssigen Teil mit der Beschränkung behalten.

Der Noterbe selbst kann natürlich den Pflichtteil belasten. Daher kann auch bei Erbteilungen der Pflichtteil eines Minderjährigen mit Genehmigung des Gerichtes belastet werden; so durchwegs bei der Anerbenfolge.

4. Ist der Pflichtteilsberechtigte nicht oder nicht ausreichend bedacht worden, entsteht sein *Pflichtteilsanspruch.*

Die §§ 765, 766 sowie die §§ 762 und 764 (Erbteil) und § 786 (gemeinschaftliches Gut) erwecken den Anschein, als wäre der Pflichtteil ein Bruchteil des gesetzlichen Erbteils, der Pflichtteilsberechtigte also ein *Noterbe.* Das ABGB. hat auch offenbar geschwankt. Aber das zu § 784 ergangene Hfd. vom 31. 1. 1844 stellte klar, daß der Pflichtteilsberechtigte nicht Erbe ist.

Der Anspruch geht nicht auf einen Bruchteil des Nachlasses in natura; vielmehr ist er nur ein *Forderungsrecht* gegen den/die Erben auf den entsprechenden Anteil in Geld vom Wert des reinen Nachlasses. Niemand kann sich, gestützt auf sein Pflichtteilsrecht, erbserklären, er ist ja nicht Erbe. Der Richter dürfte eine solche Erklärung nicht annehmen. Wohl aber kann der Pflichtteilsberechtigte als Nachlaßgläubiger die Errichtung eines Inventars verlangen (§ 804).

5. Wie wird der *Wert des reinen Nachlasses* bestimmt?

a) Die *Aktiven* müssen inventarisiert und gerichtlich geschätzt werden (§ 784, 1). Bedingte oder zweifelhafte Rechte sind nicht mitzuschätzen; von ihnen gebührt der Pflichtteil nur, soweit sie eintreten. Bestand zwischen dem Erblasser und seinem Ehegatten Gütergemeinschaft, muß das reine Gemeinschaftsvermögen festgestellt werden, dessen Hälfte in den Nachlaß fällt.

„Den Noterben steht frei, der Schätzung beizuwohnen und ihre Erinnerungen dabei zu machen" (§ 784, 2); sie können aber nicht „auf eine Feilbietung der Verlassenschaftsstücke zur Erhebung des wahren Wertes" dringen (§ 784, 3). Nach Tiroler und Kärntner Höferecht und AnerbenG. ist der Übernahmswert des Hofes so zu bestimmen, daß der Übernehmer wohl bestehn kann, und diese Bestimmung der Berechnung der Pflichtteile zugrunde zu legen; s. o., § 7 A.

Schenkungen und Vorempfänge sind bei Bemessung des Pflichtteiles in Anschlag zu bringen; s. u. § 26.

b) Die *Passiven* müssen abgezogen werden (§ 784, 4), und zwar die Schulden des Erblassers, die Todfallskosten, die Kosten des Inventars, der Schätzung, der Nachlaßverwaltung und die Erbgebühren. Nicht jedoch Vermächtnisse (§ 786, 1); ihnen geht der Pflichtteil vor. Die Vermächtnisnehmer müssen zusammen mit den Erben nach § 783 zu seiner Ergänzung verhältnismäßig beitragen. Das gilt auch vom Voraus des Ehegatten.

IV. Wann entsteht der Pflichtteilsanspruch?

Es liegt nahe, die Forderung auf den Pflichtteil — so wie die auf ein Vermächtnis — *mit dem Tode des Erblassers* (Anfallstag) entstehn zu lassen. Es muß aber dem Pflichtteilsberechtigten vorbehalten bleiben, ob er seinen Anspruch auch geltend macht (höchstpersönlich). Er kann sich z. B. der Enterbung fügen. Daher bestimmt § 291 EO., daß Pflichtteilsansprüche erst gepfändet werden können, wenn sie „durch Vertrag oder Vergleich anerkannt oder gerichtlich geltend gemacht worden sind". Schon vorher kann jedoch der Pflichtteilsberechtigte darüber durch Abtretung, Verpfändung oder auf den Todesfall verfügen.

Der Pflichtteil soll ohne unnötigen Aufschub entrichtet werden. „Bis zur wirklichen Zuteilung ist die Verlassenschaft in Ansehung des Gewinnes und der Nachteile als ein zwischen den Haupt- und Noterben verhältnismäßig gemeinschaftliches Gut zu betrachten" (§ 786, 2). Gemeint ist damit, daß inzwischen eintretende Wertänderungen zugunsten und zu Lasten der Pflichtteile wirken, nicht aber daß eine wirkliche Gemeinschaft besteht, an der der Pflichtteilsberechtigte z. B. als Verwalter mitzuwirken hätte. Unter wirklicher Zuteilung ist am besten nicht erst die Ausschüttung, sondern die endgültige Fortsetzung dessen, was dem Pflichtteilsberechtigten wirklich gebührt, zu verstehn. Von da ab hat der Pflichtteilsberechtigte Anspruch auf gesetzliche Zinsen, vorher nicht.

Der Anspruch verjährt in drei Jahren (§ 1487). Die Frist beginnt zu laufen, sobald die Verletzung des Pflichtteils feststeht, in der Regel also mit Kundmachung des Testamentes.

V. Pflichtteilsähnliche Unterhaltsansprüche

1. Sogenannter *Dreißigster.* § 1243. — Da mit dem Tod des Mannes der Unterhaltsanspruch der Frau nach § 91 erlischt, würde u. U. eine abrupte Änderung ihrer Lebensverhältnisse eintreten und den Frieden des Trauerhauses stören. § 1243 folgt daher alten deutschrechtlichen Vorstellungen von einem gewissen Nachleben des Verstorbenen und gibt eine Respektfrist: „Der Witwe gebührt noch durch sechs Wochen nach dem Tode des Mannes, und wenn sie schwanger ist, bis nach Verlauf von sechs Wochen nach ihrer Entbindung die gewöhnliche Verpflegung aus der Verlassenschaft." Unter gewöhnlicher Verpflegung ist der Unterhalt wie bei Lebzeiten des Verstorbenen, und zwar in natura, verstanden, ohne daß die Frau dazu aus ihrem Vermögen beitragen müßte. Sinngemäß ist vorausgesetzt, daß die Frau im Haushalt lebte, jedenfalls aber die Ehe nicht geschieden war. Die I. TN. hat in § 167 ABGB. die Erstreckung auf sechs Wochen nach der Entbindung nachgeahmt.

Man sieht in § 1243 ein gesetzliches Vermächtnis, das durch Verfügung von Todes wegen entzogen werden könnte. Richtiger handelt es sich um einen unentziehbaren Anspruch gleich dem Pflichtteil. Unter Umständen müßte auch dem Mann das entsprechende Recht gegenüber der Frau gegeben werden.

2. Der *Unterhaltsanspruch des § 796* tritt im österreichischen Recht an die Stelle des Ehegattenpflichtteils. Das ergibt sich aus dem Wort-

laut, und zwar einmal aus dem Hinweis auf den Pflichtteil, dann daraus, daß der Anspruch nur besteht, soweit der Unterhalt nicht durch Verfügung von Todes wegen oder den gesetzlichen Erbteil gedeckt ist.

Der Unterhaltsanspruch erwächst unter folgenden Voraussetzungen:

a) Die Ehe muß bis zum Tode bestanden haben. Der Unterhaltsanspruch folgt hierin dem gesetzlichen Erbrecht. Im einzelnen s. o., § 6 B III 3.

b) Während bei Lebzeiten des Mannes die Frau den Unterhalt auch beanspruchen kann, wenn sie ihn aus eigenem leisten könnte, muß sie ihn nunmehr zuerst aus eigenem Vermögen oder eigener zumutbarer Erwerbstätigkeit bestreiten (arg. „mangelnd“).

c) Wie in § 91 ist „anständig“ als standesgemäß zu verstehn.

d) Unter denselben Voraussetzungen steht der Anspruch auch dem Witwer zu.

e) Mit Eingehung einer neuen Ehe erlischt der Anspruch.

f) Ist der mangelnde anständige Unterhalt durch Verfügung von Todes wegen oder durch den gesetzlichen Erbteil gedeckt, schließt das den Anspruch nach § 796 aus.

3. *Uneheliches Kind;* § 171, 167, 168. Während das uneheliche Kind gegen die Mutter und ihre Verwandten wie ein eheliches erb- und pflichtteilsberechtigt ist, ist es gegen den Vater und dessen Verwandte weder das eine noch das andere. Einen Ersatz bietet § 171.

a) § 171, I: Der Anspruch des unehelichen Kindes auf Unterhalt und Versorgung geht auf die Erben des Vaters über. Dasselbe wird von den Ansprüchen der Mutter nach den §§ 167, 168 zu gelten haben.

Der Unterhaltsanspruch der ehelichen Kinder richtet sich nicht gegen die Erben des Vaters; sie sind es ja in der Regel selbst.

b) § 171, II: Das im Hause des Vaters erzogene Kind kann Verpflegung und Erziehung bis zur Selbsterhaltungsfähigkeit weiterhin fordern, jedoch nicht mehr als die ehelichen Kinder.

4. *§ 795* gewährt einem zu Recht enterbten bzw. vom Gesetz ausgeschlossenen (erbunwürdigen) Noterben den notwendigen (nicht den anständigen! vgl. § 73 EheG. „notdürftigen“) Unterhalt. Natürlich nur, falls er ihm mangelt. Das Maß des Unterhaltes bestimmt sich — wie sonst auch — nach dem Bedürfnis des Berechtigten und der Fähigkeit des Pflichtigen, findet also jedenfalls im Betrag des reinen Nachlasses seine Grenze.

5. Die Unterhaltsansprüche des überlebenden Ehegatten (§ 796), der Witwe (§ 1243), des unehelichen Kindes (§ 171) und seiner Mutter (§§ 167, 168) und eines enterbten Noterben (§ 795) haben ähnliche Funktionen wie der Pflichtteil. Daher tritt Konkurrenz ein, wenn z. B. der Gatte den Anspruch auf mangelnden anständigen Unterhalt und versorgungsbedürftige Kinder den auf Pflichtteil erheben. Ist der Pflichtteilsberechtigte nicht unterhaltsbedürftig, gehn die Unterhaltsansprüche vor. Die genannten Unterhaltsberechtigten können Schenkungen nach § 950 anfechten, und wenn der Nachlaß nicht ausreicht, müssen Erben und Vermächtnisnehmer verhältnismäßig beitragen (§ 783, § 692).

§ 26. Anrechnung beim Pflichtteil

Während die Anrechnung beim Erbteil unter Abkömmlingen der Ausgleichung dient, will die Anrechnung beim Pflichtteil verhindern, daß der Erblasser durch Vergabungen bei Lebzeiten den Pflichtteilsanspruch illusorisch mache und daß andererseits jemand Pflichtteilsansprüche erhebe, der bei Lebzeiten des Erblassers schon abgefunden worden ist. Daraus ergibt sich:

a) Während die Anrechnung auf den Erbteil nur unter Miterben denkbar ist, kann die Anrechnung beim Pflichtteil auch nur *ein* Pflichtteilsberechtigter auch nur bei *einem* Erben fordern.

b) Die Anrechnung auf den Erbteil betrifft nur die Vorempfänge von Miterben; beim Pflichtteil sind außerdem Schenkungen, und zwar auch an Dritte anzurechnen.

c) Während Vorempfänge nie herausgegeben werden müssen (§ 793), können Schenkungen zur Deckung des Fehlbetrages am Pflichtteil herangezogen werden (§ 951).

A. Anrechnung von Vorempfängen

1. Ein Nachkomme muß sich die Vorempfänge des § 788, und zwar nach dem Repräsentationsgrundsatz auch die, welche sein vermittelnder Vorfahr erhalten hat, in den Pflichtteil einrechnen lassen.

2. Bei den Vorfahren, die nur pflichtteilsberechtigt sind, wenn pflichtteilsberechtigte Nachkommen nicht vorhanden sind, gibt es keine Vorempfänge.

§ 789 erweckt also einen falschen Anschein.

a) Was ihnen Abkömmlinge nach § 154, 2 in Erfüllung der Unterhaltspflicht gegeben haben, ist nach § 789 nicht anzurechnen. Der Satz gilt allgemein: Das in Erfüllung der Unterhaltspflicht Gegebene mindert den Pflichtteilsanspruch des Unterhaltsberechtigten nicht.

b) Was ein Kind den Eltern geschenkt hat, ist den Eltern ebenfalls auf den Pflichtteil nicht anzurechnen, denn die Anrechnung von Schenkungen kann nach § 785, I nur ein pflichtteilsberechtigtes Kind verlangen. Ist aber ein solches vorhanden, sind die Eltern nicht pflichtteilsberechtigt.

c) Daß Vorschüsse anzurechnen sind, heißt somit nichts anderes, als daß Eltern Schulden gegenüber dem Erblasser an die Masse bezahlen müssen, wenn der Erblasser nichts anderes angeordnet hat.

3. Wie sind Vorempfänge anzurechnen?

a) § 793 (s. o., § 20 C I) ist für die Anrechnung auf den Pflichtteil unbrauchbar; das zeigt das Beispiel, Anhang F 1.

b) Die richtige Lösung (Judikat Nr. 114): Dem reinen Nachlaß wird die Summe der anzurechnenden Vorempfänge zugezählt (wobei jedoch das Erbrecht nach Stämmen berücksichtigt werden muß!), davon der Erb- und Pflichtteil berechnet und jeweils der Vorempfang abgezogen; s. Beispiel, Anhang F 2.

c) Kritisch ist die Anrechnung von Vorempfängen, die nicht nur den Pflichtteil, sondern auch den gesetzlichen Erbteil überschreiten. Zwar ist klar, daß der übermäßig Vorbedachte nichts mehr erhält, aber auch nichts herauszahlen muß. Wie weit das aber zu Lasten anderer Pflichtteilsberechtigter oder des Erben gehn soll, darüber gibt es verschiedene Meinungen. Eine Meinung will die Pflichtteile anderer Noterben immer so berechnen, daß der Vorempfang dem Nachlaß hinzugerechnet wird, so daß ein Testamentserbe, der nicht pflichtteilsberechtigt ist, u. U. gar nichts erhält. Eine andere will den übermäßig Vorbedachten ausscheiden, wodurch sich freilich die Pfichtteile der übrigen zu Lasten des Testamentserben erhöhen. Die neueste Meinung will den Ausfall verhältnismäßig auf Pflichtteilsberechtigte und Testamentserben verteilen.

d) Ist neben pflichtteilsberechtigten Kindern ein Ehegatte vorhanden, muß vor allem, da der Pflichtteil vom Erbteil berechnet wird, ein Viertel des Nachlasses abgerechnet werden, und zwar auch dann, wenn der Ehegatte nicht bedacht sein sollte. Ist neben pflichtteilsberechtigten Vorfahren ein Ehegatte vorhanden, muß die Hälfte abgerechnet werden.

B. Schenkungsanrechnung

Die Schenkungsanrechnung will die Pflichtteilsrechte der Kinder vor Umgehung schützen. Nur pflichtteilsberechtigte Kinder, nicht Vorfahren, genießen diesen Schutz. Zu Recht, da natürlicherweise Vorfahren damit rechnen sollen, von ihren Nachkommen, nicht aber Nachkommen, von ihren Vorfahren beerbt zu werden.

I. Voraussetzungen

1. Nach § 785, I kann ein pflichtteilsberechtigtes Kind verlangen, „bei Berechnung des Nachlasses die Schenkung in Anschlag zu bringen, die der Erblasser unter Lebenden gemacht hat“ und sie „dem Nachlasse mit dem Werte hinzuzurechnen, der für die Anrechnung nach § 794 maßgebend ist“. Schenkungen auf den Todesfall sind entweder laut § 956, 1 Vermächtnisse und gehn dann den Pflichtteilen ohnehin nach (§ 786) oder sind wie Schenkungen unter Lebenden anzurechnen.

2. Nach § 785, II sind von der Anrechnung ausgenommen:

a) „Schenkungen, die der Erblasser zu einer Zeit machte, da er keine pflichtteilsberechtigten Kinder hatte.“ Die Schenkung ist ‚gemacht‘, sobald der formgültige Schenkungsvertrag geschlossen ist, auch wenn er erst später erfüllt wird.

b) „Schenkungen, die aus den Einkünften des Geschenkgebers ohne Schmälerung des Grundstockes seines Vermögens gemacht wurden“, was nach wirtschaftlichen Gesichtspunkten zu beurteilen ist. Die vom Erblasser geschlossene Lebensversicherung zugunsten Dritter ist als Schenkung zu behandeln, doch werden die Prämien regelmäßig aus den Einkünften entrichtet. Ist die Polizze und damit der Anspruch im Besitz des Erblassers, gehört aber ihr Wert zum Grundstock seines Vermögens.

c) Pflicht- und Anstandsschenkungen.

d) Schenkungen zu gemeinnützigen Zwecken. Der Erblasser könnte also hiefür sein ganzes Vermögen, ohne Rücksicht auf seine Kinder, vergaben!

e) „Schenkungen an nicht pflichtteilsberechtigte Personen, die mehr als zwei Jahre vor dem Tode des Erblassers gemacht wurden.“

Daraus folgt zunächst, daß Schenkungen an Pflichtteilsberechtigte anzurechnen sind, auch wenn sie mehr als zwei Jahre zurückliegen. Diese Benachteiligung der Noterben gegenüber ‚Fremden‘ ist kaum zu rechtfertigen.

f) Bei Schenkungen an den Ehegatten beginnt die Frist nicht vor Auflösung der Ehe (§ 785, II, letzter Satz).

Die Idee ist offenbar, den Gatten bei einer bis zum Tod des Schenkers aufrechten Ehe den Pflichtteilsberechtigten gleichzustellen, d. h. Geschenke an ihn immer anzurechnen. Wurde aber die Ehe zwei Jahre vor dem Tod des Schenkers aufgelöst, ist der beschenkte Gatte einem ‚Fremden‘ gleichzuhalten.

II. Anspruch gegen den Nachlaß
§ 785, I

1. Der Anspruch geht zunächst gegen den Nachlaß auf Erhöhung des Pflichtteils; s. Beispiel, Anhang G 1.

2. Hat der Pflichtteilsberechtigte selbst ein Geschenk (das nicht Vorempfang ist) erhalten, kann er deshalb selbstverständlich keine Pflichtteilserhöhung verlangen; s. Beispiel, Anhang G 2.

3. Haben sowohl der Noterbe selbst als auch andere Geschenke erhalten, kann er Pflichtteilserhöhung verlangen, muß sich aber auf die Erhöhung — nicht auf den Nachlaßpflichtteil! — das selbst erhaltene Geschenk anrechnen lassen (§ 787, II); s. Beispiel, Anhang G 3.

III. Anspruch gegen den Beschenkten
§ 951

1. Reicht der Nachlaß zur Deckung des erhöhten Pflichtteils nicht aus, „kann der verkürzte Noterbe vom Beschenkten die Herausgabe des Geschenkes zur Deckung des Fehlbetrages verlangen. Der Beschenkte kann die Herausgabe durch Zahlung des Fehlbetrages abwenden“ (facultas alternativa). § 951 setzt § 785 voraus. Während sich aber der erste Anspruch gegen den Nachlaß richtet, richtet dieser sich gegen den Beschenkten und greift erst ein, wenn mit § 785 nicht auszukommen ist.

Der Anspruch richtet sich gegen den Beschenkten, nicht etwa gegen den als Erben Eingesetzten, auch wenn der sich unbedingt erbserklärt hätte. § 951 spricht nicht von der Haftung des *Erben,* sondern nur davon, ob der *Nachlaß* zur Deckung ausreicht; s. Beispiel, Anhang G 4.

2. § 951, II. „Ist der Beschenkte selbst pflichtteilsberechtigt, haftet er dem andern nur soweit, als er infolge der Schenkung mehr als den ihm bei Einrechnung der Schenkungen gebührenden Pflichtteil erhalten würde.“ Siehe Beispiel, Anhang G 5.

3. Unter mehreren Beschenkten zieht man analog § 947, 2 den später Beschenkten zuerst heran, indem man von der Annahme ausgeht, daß jeweils das spätere Geschenk die Verkürzung bewirkt.

§ 27. Erbschaftskauf, Erbschaftsklage

A. Erbschaftskauf

1. § 879, II, Z. 3 verbietet die Veräußerung der erhofften Erbschaft bei Lebzeiten des Erblassers. Andererseits kann die eingeantwortete Erbschaft nicht mehr selbständiger Gegenstand der Veräußerung sein, da sie nunmehr Teil des Vermögens des Erben geworden ist. *Erbschaftskauf* ist daher die *Veräußerung des Erbrechtes (richtiger der Erbanwartschaft) zwischen Erbfall und Einantwortung.*

§ 1278 bezeichnet als Gegenstand die angetretene oder wenigstens angefallene Erbschaft. Danach würde bei aufschiebender Bedingung die Veräußerlichkeit erst mit Erfüllung der Bedingung eintreten; in Widerspruch zu § 879, wonach die Veräußerlichkeit schon mit dem Tode (Erbfall) eintritt. Das wird von Bedeutung bei der Vor- und Nacherbschaft. Zweifellos kann der Vorerbe seine Vorerbenstellung veräußern. Kann es auch der Nacherbe vor dem Nacherbfall? Sicher bei dem durch Zeitbestimmung hinausgeschobenen Nacherbfall (§ 705), da hier der Nacherbe schon mit dem Vorerbfall sein Recht erwirbt. Im Zweifel ist das nach § 615, II als Wille des Erblassers zu vermuten. Zweckmäßigkeitsgründe sprechen dafür, das auch bei aufschiebend bedingtem Nacherbfall anzunehmen, also bei der Regel des § 879 zu bleiben.

Die Veräußerung einzelner Verlassenschaftsstücke oder der Aktiven allein ist nicht Erbschaftskauf.

2. Das ABGB. spricht nur vom Erbschafts*kauf*. Es zählt ihn zu den Glücksverträgen, und zwar laut Überschrift zu den §§ 1275–1283 zum Hoffnungskauf. Mit Recht, da der Käufer regelmäßig nicht genau weiß, was sich alles im Nachlaß findet und welchen genauen Wert es hat. Er kauft daher die Erbschaft um einen geschätzten Gesamtpreis in Bausch und Bogen (§ 1276, § 1049, 2). Wird ein Inventar errichtet, liegt nach § 1278, I, 2 kein Glücksvertrag vor.

3. Das ABGB. regelt aber nicht nur das obligatorische Verhältnis, sondern auch die dingliche, richtiger gesagt absolute Wirkung gegen Dritte, also die *Veräußerung* (§ 1282). Da es nur den Fall der entgeltlichen Veräußerung im Auge hat, gelten für die Erbschaftsschenkung nicht alle Regeln des § 1278 ff. So beschränkt sich bei ihr die Gewährleistung entgegen § 1283 auf § 945, gilt § 1268 nicht und ist die Auslegungsregel des § 915, 1 anzuwenden.

4. Die III. TN. hat so wie für den Erbverzicht (§ 551, 2) auch für den Erbschaftskauf (§ 1278, II), um die Rechtslage gegenüber Dritten klarzustellen und den Erben vor Übereilung zu schützen, die *Form* des Notariatsaktes oder gerichtlichen Protokolls eingeführt. Man läßt sie auch für die Erbschaftsschenkung gelten, so daß sie nicht wie das Schenkungsversprechen *nur* in der Form des Notariatsaktes erfolgen kann.

5. Erbschaftskauf und -schenkung erscheinen oft in Gestalt des *Verzichtes.* Unterscheide:

a) Der Verzicht eines Erbanwärters bei Lebzeiten des Erblassers ist weder Erbschaftskauf noch -schenkung. Einmal, weil er bei Lebzeiten des Erblassers erfolgt; zum zweiten, weil er nur den Berufungsgrund vernichtet, nicht aber das Recht (richtiger die Hoffnung) auf einen andern überträgt; s. o., § 14 A.

b) Wenn der Berufene in der Verlassenschaftsabhandlung zugunsten des Nächstberufenen „verzichtet“, ist das Ausschlagung, Erlöschen des eigenen Rechtes, ohne Übertragung auf andere, die vielmehr aus eigenem Recht nachrücken (s. o., § 16, III); daher wieder kein Erbschaftskauf.

c) Wenn der Berufene in der Verlassenschaftsabhandlung verzichtet, um einem andern, der nicht Nächstberufener ist, das Erbrecht zuzuwenden, liegt darin eine Veräußerung des Erbrechtes, bedarf der Form und bewirkt, daß der Verzichtende solidarisch mit dem Käufer haftet. Gegen Abfindung ist es Erbschaftskauf, ohne Abfindung Erbschaftsschenkung.

6. Beim *Aufgriffsrecht,* einem bäuerlichen Rechtsinstitut, übernimmt der Berechtigte gegen Abfindung das ganze Erbe oder einen Erbteil oder bestimmte Güter, z. B. den Hof. Das kann in der Form geschehen, daß die Erben ausschlagen und der Aufgriffsberechtigte als Nächstberufener erwirbt bzw. daß die Miterben ausschlagen und er kraft Anwachsung erwirbt. Hat der Aufgriffsberechtigte keinen Erbrechtstitel, liegt Erbschaftskauf vor, und er haftet neben den weichenden Erben. Das Aufgriffsrecht auf bestimmte Güter kann als Anordnung der Erbteilung vermeint sein, oder das Gut wird zugewiesen, und der Übernahmswert tritt an seine Stelle (vgl. AnerbG. § 10).

7. Der Erbschaftskäufer geht dem Ersatzerben vor, da der eingesetzte Erbe durch den Verkauf über sein Erbrecht verfügt. Der Käufer erhält das, aber auch nur das, was dem Verkäufer als Erben zukäme (§ 1279, 1); daher z. B. nicht ein Vorausvermächtnis, aber auch, was der Verkäufer auf Grund eines zur Erbschaft gehörigen Rechtes, als Ersatz für Verminderung der Erbschaft oder durch ein sich auf die Erbschaft beziehendes Rechtsgeschäft erlangt (Surrogation; §§ 1279, 2; § 1280). Aufwendungen auf die Erbschaft kann dagegen der Verkäufer abziehen (§ 1280). Zwischen Kaufabschluß und Übergabe hat der Verkäufer die Stellung eines Verwalters (§ 1281).

8. Der Erbschaftskauf bewirkt *Gesamtnachfolge;* das ist heute nicht mehr streitig. Der Käufer tritt in die Rechtsstellung des Verkäufers ein. Was dieser schon verfügt hat (Erbserklärung, Gläubigerruf, Anstellung der Erbrechtsklage) wirkt auch für und gegen ihn. Der Verkäufer muß erbfähig und erbwürdig sein, nicht der Käufer.

9. Der Erwerb kraft Gesamtnachfolge, und zwar so, als ob der Käufer Erbe des Erblassers wäre, tritt mit Einantwortung ein. Da der Nachlaß dem Käufer eingeantwortet wird, kommt es nicht zur Vereinigung mit dem Vermögen des Verkäufers, daher bleiben dessen Forderungen und Schulden aufrecht.

10. Nach § 1281 *haftet* der Verkäufer dem Käufer bis zur Übergabe „wie ein anderer Geschäftsträger“, d. h. für Verschulden, nicht aber für Zufall. Beim Erbschaftskauf gilt also nicht wie bei andern Käufen, daß der Verkäufer bis zur Übergabe die Gefahr trägt (§ 1064, § 1048), selbst dann nicht, wenn dadurch nachträglich laesio enormis einträte. Hier zeigt

sich, daß das Gesetz den Erbschaftskauf als Glücksvertrag ansieht. Anders, wenn dem Erbschaftskauf ein Inventar zugrunde gelegt wurde. Immer aber haftet der Verkäufer für die Richtigkeit seines Erbrechtes (Gewährleistung für Rechtsmangel), er hätte es denn ausdrücklich als zweifelhaft bezeichnet (§ 1283, 2). Diese Haftung gilt natürlich nur für entgeltliche Veräußerung der Erbschaft.

11. *Verhältnis* von Verkäufer und Käufer *zu Dritten.*

a) Die Stellung der *Erbschaftsschuldner* ändert sich — so wie bei der Forderungsabtretung — nicht (§ 1282, 2; § 1394 ff.).

b) Die *Erbschaftsgläubiger,* wozu auch die Vermächtnisnehmer gehören, schützt das Gesetz dadurch, daß Käufer und Verkäufer ihnen solidarisch haften. § 1282 kennt nicht einmal die Beschränkung des § 1409 bei Vermögensübernahme. Das gilt als zwingendes Recht, unberührt durch interne Abmachungen zwischen Käufer und Verkäufer. „Die Erbschaftsantretung des einen gilt auch für den andern." Hat der Verkäufer ohne die Rechtswohltat des Inventars angetreten, kann der Käufer das nicht mehr ändern.

B. Erbschaftsklage

I. Wesen

Wenn während der Verlassenschaftsabhandlung widersprechende Erbserklärungen zum Streit über das Erbrecht führen, trägt der Abhandlungsrichter dem schwächer Titulierten auf, die Erb*rechts*klage einzubringen; s. o., § 16, IV.

Behauptet jemand *nach* der Einantwortung, er und nicht der Eingeantwortete sei der Erbe oder er sei Erbe mit dem Eingeantworteten, muß er die Erb*schafts*klage anstellen. Wer mit der Erbrechtsklage unterlag, kann nicht nachträglich die Erbschaftsklage einbringen.

Während die Erbrechtsklage eine Klage auf Feststellung des Erbrechtes ist und keinen Exekutionstitel darstellt, da der siegreiche Erbrechtskläger den Nachlaß erst durch Einantwortung erlangt, ist die Erbschaftsklage überdies eine Klage auf Leistung, nämlich auf Herausgabe des ganzen Nachlasses oder eines Bruchteils, gibt daher einen Exekutionstitel, da der siegreiche Erbschaftskläger durch das rechtskräftige Urteil die Erbschaft als unmittelbarer Rechtsnachfolger des Erblassers erlangt.

Die Erbschaftsklage ist nach dem Muster der Eigentumsklage gebaut. Die Klagsbehauptung als richtig angenommen, ist — kurz gesagt — die Eigentumsklage die Klage des nicht besitzenden Eigentümers gegen den besitzenden Nichteigentümer; die *Erbschaftsklage die Klage des nicht eingeantworteten Erben gegen den eingeantworteten Nichterben.* Das entspricht der Anschauung des ABGB., wonach die Einantwortung die Übergabe in den rechtlichen Besitz bewirkt (§ 797).

Der Eigentumsfreiheitsklage (Negatorienklage) entspricht jene, vom Gesetz nicht ausdrücklich erwähnte Erbschafts- und Erbrechtsklage, die die Freiheit des Erbrechtes von erbrechtlichen Beschränkungen, z. B. durch ein Substitutionsband behauptet.

Zur Erbschaftsklage kann es kommen, wenn nach der Einantwortung ein näherer gesetzlicher Erbe auftritt, ein Testament gefunden wird oder sich eines als ungültig herausstellt. Es wird nicht etwa neuerlich abgehandelt (§ 180 AußStrG.). Findet sich dagegen nach der Einantwortung weiteres Nachlaßvermögen, wird das von der vorher geschehenen Einantwortung miterfaßt. Bei Aufhebung oder Berichtigung einer Todeserklärung oder einer Beweisführung des Todes sieht das TodErklG. § 23 ff. ein eigenes Verfahren vor.

II. Klagslegitimation

1. Die *aktive Klagslegitimation (Klägerrolle)* hat:

a) wer die Erbschaft als Erbe in Anspruch nimmt (nicht der Pflichtteilsberechtigte!). Auch der Miterbe, wenn er einen höheren Anteil beansprucht; ist dagegen nicht der Anteil, sondern nur die Auseinandersetzung über unstreitige Anteile streitig, haben wir es mit einer Erbteilungsklage zu tun;

b) der Erbschaftskäufer;

c) der Nacherbe nach Eintritt des Nacherbfalles gegen den Vorerben oder einen andern Erbschaftsbesitzer, der ihm die Erbschaft vorenthält; str.;

d) der Staat zum Schutz seines Heimfallsrechtes; str.

2. Die *passive Klagslegitimation (Beklagtenrolle)* hat:

a) der eingeantwortete Allein- oder Miterbe und der, welcher den eingeantworteten Nachlaß verwaltet, z. B. der damit betraute Testamentsvollstrecker;

b) der Erbschaftskäufer oder der Veräußerer; den Veräußerer klagt der wahre Erbe auf Herausgabe des empfangenen Entgelts (Surrogation);

c) der Staat, dem ohne Einantwortung die Verlassenschaft heimgefallen ist.

d) Dasselbe dürfte für den gelten, der durch Abtuung armutshalber oder Überlassung an Zahlungs Statt ins Erbe gekommen ist. Nach der Gegenmeinung muß der die Rechtmäßigkeit dieses Erwerbs Bestreitende die Einleitung des Abhandlungsverfahrens beantragen und eine Erbserklärung abgeben.

Die Einantwortung ist also grundsätzlich, aber nicht ausnahmslos Voraussetzung für die Klagslegitimation.

3. *Beweis.* Der Kläger muß sein besseres Erbrecht, also Berufungsgrund und Anfall, beweisen. Eine Erbserklärung kann er nicht mehr abgeben. Es schadet ihm aber auch nicht, daß er sie im Abhandlungsverfahren unterlassen hat, man könnte denn daraus schließen, daß er stillschweigend ausschlagen wollte.

III. Klagebegehren

1. Die Klage geht nach § 824 auf „Abtretung der Verlassenschaft ganz oder zum Teile"; danach handelt es sich — so wie bei der Erbrechtsklage — um eine *Universalklage* (der Ausdruck Teilung in § 823

ist nicht im Sinne von Auseinandersetzung bei Erbschaftsteilung zu verstehn!).

2. Davon zu unterscheiden sind die *Singularklagen,* die schon dem Erblasser an Vermögensstücken zustanden und derivativ auf den Erben übergehn, z. B. die Klage gegen den Erbschaftsschuldner auf Zahlung oder gegen den Inhaber einer zur Erbschaft gehörigen Sache auf Herausgabe. Dem sich auf die Einantwortung stützenden Kläger steht die Vermutung seines Erbrechtes zur Seite. Der Beklagte könnte dagegen Einwände aus dem Einzelrecht erheben, z. B. daß der Erblasser ihm die Forderung erlassen, die Sache geschenkt habe. Er könnte aber auch das vermutete Erbrecht des Klägers bestreiten; jedoch nur, wenn er selbst behauptet, Erbe zu sein, und damit den Streit auf den um das Erbrecht erweitert.

3. Für den *Herausgabeanspruch* des Erbschaftsklägers gegen den Scheinerben gelten dieselben Regeln wie bei der Eigentumsklage: er richtet sich nach der Redlichkeit/Unredlichkeit des Scheinerben. Redlich ist analog § 326, wer sich aus wahrscheinlichen Gründen (ohne grobe Fahrlässigkeit) für den Erben halten durfte.

4. Bei der Anwendung der Vorschriften über den Eigentumsherausgabeanspruch ist jedoch zu beachten, daß *Gegenstand* der Erbschaftsklage nicht eine Einzelsache, sondern *ein Sondervermögen* ist. Zur Feststellung, was an Sondervermögen vorhanden, kann der Kläger die Abgabe des Offenbarungseides begehren.

5. *Surrogation.* – Darunter versteht man, daß das Vermögen als solches erhalten bleiben soll, auch wenn sich die einzelnen Stücke ändern. An die Stelle ausgeschiedener Stücke tritt mit dinglicher Wirkung:

a) was durch Rechtsgeschäft aus Mitteln des Nachlasses erworben wird: res succedit in locum pretii, pretium succedit in locum rei;

b) der Zuwachs;

c) der Ersatz (Schadenersatz, Versicherungs- und Entschädigungsansprüche).

Die hL. lehnt die Surrogation mangels besonderer Vorschrift, wie sie das BGB. enthält, ab. Man könnte den Gedanken der Surrogation im § 725 für den Sonderfall des Legates ausgesprochen finden.

6. Sinngemäß wird dem Beklagten wegen Aufwand auf den Nachlaß ein *Retentionsrecht* zustehn; § 334 und § 471, str.

7. Die Erbschaftsklage *verjährt* in 30 (40) Jahren. Streitig ist, ob die Verjährung mit Erbanfall, Erbserklärung, Erbsanmaßung (d. h. mit dem Zeitpunkt, in dem ein Dritter Erbschaftssachen pro herede besitzt) oder Einantwortung zu laufen beginnt. Bei langer Verjährungszeit ist der Streit von untergeordneter Bedeutung. Handelt es sich um die Umstoßung eines letzten Willens, beginnt die dreijährige Frist (§ 1487) nach hL. mit Kundmachung des letzten Willens; richtiger wohl, sobald die sich darauf stützende Erbserklärung vom Gericht angenommen wurde. Klagt ein anderer, gestützt auf ein Testament, kann dessen Ungültigkeit immer eingewendet werden.

IV. Verhältnis der Streitparteien zu Dritten

1. Solange die Einantwortung nicht entkräftet ist, hat sie *Legitimationswirkung*. Daraus folgt:

a) Erbschaftsgläubiger, wozu auch Vermächtnisnehmer gehören, haben sich bis zum rechtskräftigen Urteil an den Beklagten, dann an den Sieger zu halten. Erbschaftsschuldner, die im guten Glauben an den Scheinerben zahlen, werden analog § 824 Schlußsatz geschützt; s. u. 4.

b) Der Erbschaftskläger kann Streitanmerkung begehren (§ 61 GBG.), damit nicht inzwischen Dritte im Vertrauen auf das Buch erwerben. Er ist durch die Einverleibung des Scheinerben zwar nicht in einem bücherlichen, doch in einem analogen Recht verletzt.

2. Der in der Erbschaftsklage siegreiche Kläger ist *Gesamtnachfolger* des Erblassers. Folge: Widerspruchsrecht, wenn auf Nachlaßgegenstände von Gläubigern des Beklagten Exekution geführt wird (§ 37 EO.); Aussonderung in dessen Konkurs.

3. Tritt der Erbschaftskläger in die *Rechtsstellung* des Beklagten ein? Haftet er unbeschränkt, wenn der Beklagte sich unbedingt erbserklärt hat? Das wird behauptet. Allein mit dem Erbschaftskäufer kann der Erbschaftskläger nicht verglichen werden, und daß er sein Recht nicht in der Verlassenschaftsabhandlung geltend gemacht hat, muß nicht seine Schuld sein. M. E. ist ihm nur beschränkte Haftung zumutbar. Nach hL. haftet neben ihm der Scheinerbe analog § 1282, 1 weiter (?).

4. § 824, Schlußsatz, schützt den *redlichen Erwerb vom Scheinerben*. Aber nur

a) den rechtsgeschäftlichen Erwerb; nicht den kraft Gesetzes, z. B. das gesetzliche Pfandrecht des Vermieters; nicht den durch Zwangsvollstreckung, doch ist der Erwerb beweglicher Nachlaßsachen in der Versteigerung durch § 367 geschützt;

b) den Erwerb in der Zwischenzeit, d. h. zwischen Erbfall und Rechtskraft des der Erbschaftsklage stattgebenden Urteils;

c) den vollzogenen Erwerb, nicht den schuldrechtlichen Anspruch auf Übertragung;

d) den Erwerb von „Erbstücken“, d. h. Nachlaßgegenständen; sinngemäß auch den Schuldner, der dem Eingeantworteten zahlt (§ 1424); ob auch den Bestandnehmer vom Scheinerben, besonders wenn er für mehrere Perioden den Zins vorausbezahlt hat, ist streitig, doch eher zu bejahen;

e) den redlichen Erwerber, d. h. den, der aus wahrscheinlichen Gründen im Zeitpunkt des Erwerbes — mala fides superveniens non nocet — die Sache für die seinige hielt; Analoges gilt für den zahlenden Schuldner, kennt er die Rechtslage, muß er hinterlegen (§ 1425);

f) Während die bisher behandelten Tatbestandselemente denen beim redlichen Erwerb nach § 367 entsprechen, schützt § 824 zum Unterschied von § 367 auch den unentgeltlichen Erwerb und den von unbeweglichen Sachen.

Anhang

Beispiele

A. Erbfähigkeit (S 7/8)

Daß über das Erbrecht ein Augenblick entscheiden kann, zeige folgender Fall. Die Ehefrau *F* und ihr erstes Kind *K* sterben bei der Geburt. Von nächsten Angehörigen leben: *M*, der Ehemann, und E, die Eltern der *F*. Verteilung des Erbes nach dem Gesetz.

Das Erbe ist verschieden zu verteilen, je nachdem, ob das Kind lebend oder tot geboren wird und ob das Kind die Mutter oder die Mutter das Kind, sei es auch nur einen Moment, überlebt.

A. Bei Totgeburt ist das Kind als nicht empfangen zu betrachten, daher der Nachlaß von *F* zu verteilen:

M . . . 1/2 plus großen Voraus; *E* . . . 1/2.

B. Bei Lebendgeburt haben wir es mit zwei Nachlässen zu tun: dem von *F* und dem vom *K*, das z. B. von einem Onkel zum Erben eingesetzt worden sein kann.

I. *F* stirbt *vor* *K*:

1. Nachlaß *F*: *K* . . . 3/4; *M* . . . 1/4 plus kleinen Voraus; *E* . . . 0.

2. Nachlaß: *K* (darunter 3/4 Nachlaß *F*!): *M* . . . alles; *E* . . . 0.

Endergebnis: *M* . . . ganzen Nachlaß *K* plus ganzen Nachlaß *F*.

II. *F* stirbt *nach* *K*:

1. Nachlaß *K*: *M* . . . 1/2; *F* . . . 1/2.

2. Nachlaß *F* (darunter 1/2 nach *K*): *M* . . . 1/2 plus großen Voraus; *E* . . . 1/2.

Endergebnis: *M* . . . 3/4 Nachlaß *K* plus 1/2 Nachlaß *F* plus großen Voraus; *E* . . . 1/4 Nachlaß *K* plus 1/2 Nachlaß *F*.

III. *F* und *K* sterben *gleichzeitig* (keiner beerbt den andern; § 11 TEG):

1. Nachlaß *F*: *M* . . . 1/2 plus großen Voraus; *E* . . . 1/2.

2. Nachlaß *K*: *M* . . . alles; *E* . . . 0.

Endergebnis: *M* ganzen Nachlaß *K* plus 1/2 Nachlaß *F* plus großen Voraus; *E* . . . 1/2 Nachlaß *F*.

B. Verwandtenerbrecht

I. Parentelenordnung

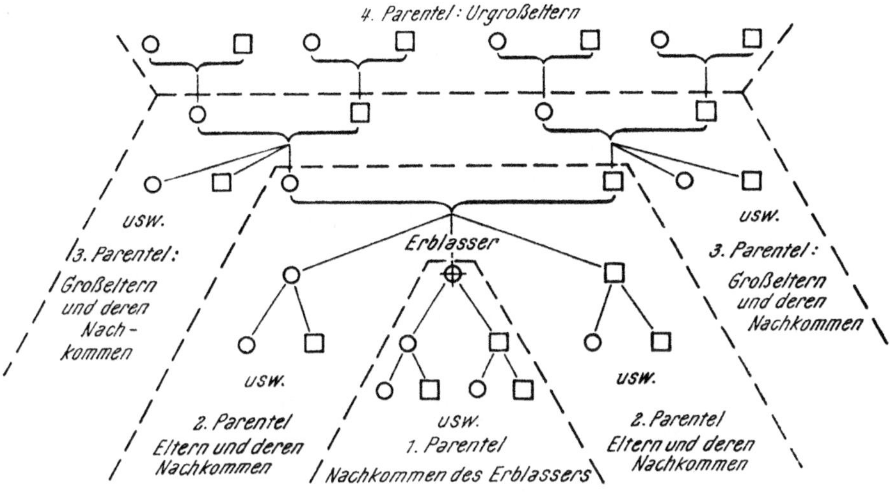

II. Gelöste Fälle

Zeichen: ○ Mann, □ Frau, ⌖ ⌗ Erblasser(in), ∅ ⌀ vorverstorben. Derselben Generation Angehörige auf dieselbe Ebene! Stets die Probe machen, d. h. feststellen, ob die ganze Erbschaft verteilt, die Summe der Bruchteile 1 ist.

1. Erste (und zweite) Parentel. — Erblasser (Gattin verstorben) hinterläßt: einen kinderlosen Sohn, eine Tochter mit Kind, von einem verstorbenen Sohn zwei und von einer verstorbenen Tochter vier Enkel, außerdem einen Bruder.

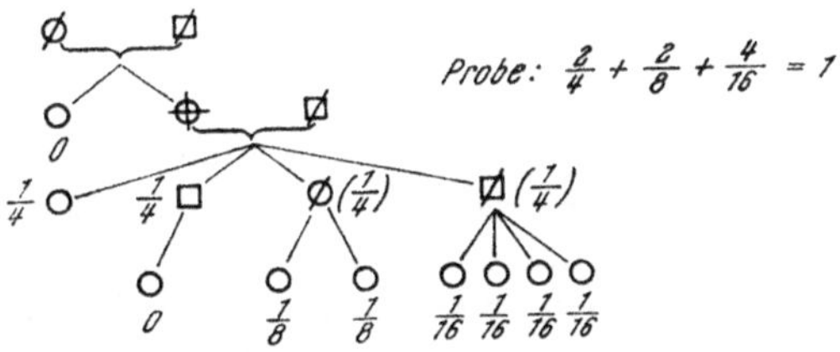

2. Zweite Parentel: Unverheiratete Erblasserin hinterläßt eine Tochter eines vorverstorbenen Bruders (Nichte), drei Söhne einer vorverstorbenen Schwester (Neffen), eine Halbschwester aus der ersten Ehe ihrer Mutter, einen Halbbruder und eine Halbschwester aus der ersten Ehe ihres Vaters:

a) Beide Eltern leben. — Jeder Elternteil erbt die Hälfte.

b) Der Vater lebt. — Er erbt die eine Hälfte, die andere wird unter die Nachkommen der Mutter verteilt.

c) Die Mutter lebt. Sie erbt die eine Hälfte, die andere wird unter die Nachkommen des Vaters verteilt.

d) Beide Eltern sind tot. Beide Hälften unter die Nachkommen des betreffenden Elternteiles verteilen.

Frage: Wieviel Nachkommen (Stämme) hat der eine, hat der andere Elternteil? Vater vier, Mutter drei.

zu b.

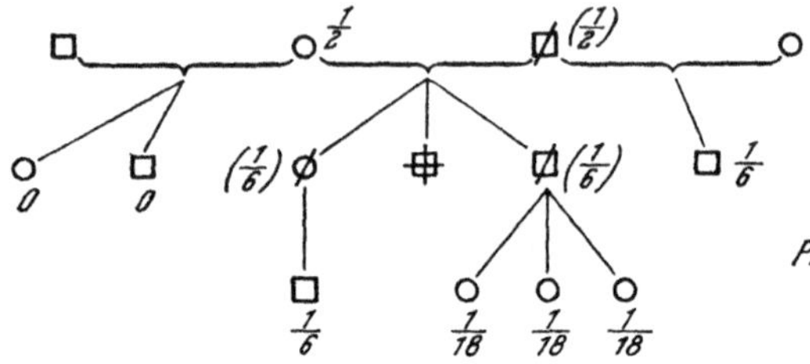

Probe: $\frac{1}{2}+\frac{1}{6}+\frac{3}{18}+\frac{1}{6}=1$

zu c.

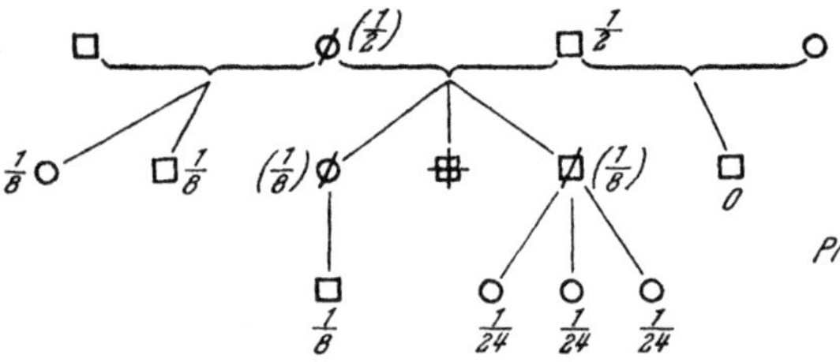

Probe: $\frac{1}{2}+\frac{2}{8}+\frac{1}{8}+\frac{3}{24}=1$

zu d.

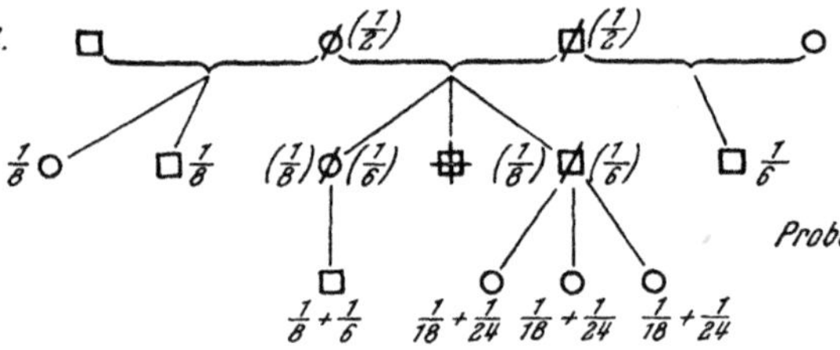

Probe: $\frac{1}{8}+\frac{1}{8}+\frac{1}{8}+\frac{1}{6}+\frac{3}{18}+\frac{3}{24}+\frac{1}{6}=$
$\frac{4}{8}+\frac{3}{6}=1$

Beachte, daß die vollbürtigen Geschwister und ihr Stamm von beiden Elternteilen erben, die halbbürtigen nur von einem (§ 736).

3. Zweite (und dritte) Parentel. — Unverheirateter Erblasser hinterläßt als einzige nähere Verwandte: einen Neffen (Sohn seiner verstorbenen Halbschwester), einen Halbbruder (beide aus der ersten Ehe seines Vaters) und einen Onkel mütterlicherseits.

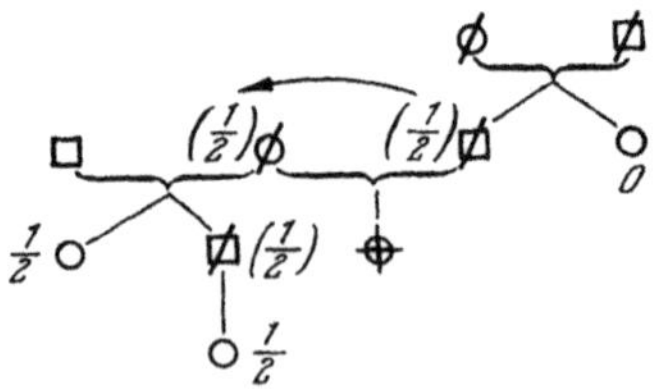

§ 737. — Bei Schoßfall fiele die auf die verstorbene Mutter entfallende Hälfte an den Onkel.

4. Dritte (und vierte) Parentel. — Erblasserin hinterläßt: den Großvater und einen Onkel mütterlicherseits, einen Urgroßvater väterlicherseits.

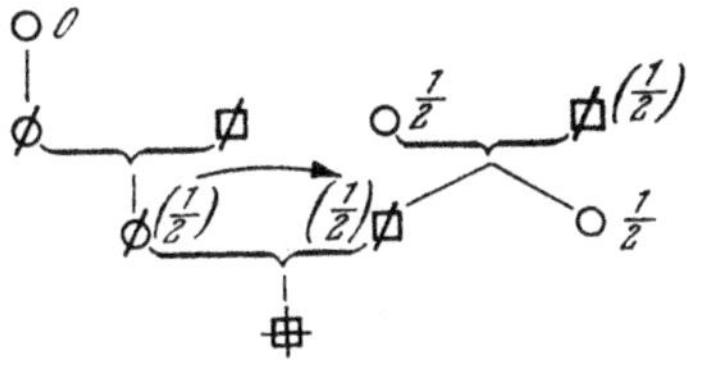

§§ 739, 740. — Bei Schoßfall fiele die auf den verstorbenen Vater entfallende Hälfte an den Urgroßvater.

5. Mehrfache Verwandtschaft. — Erblasser (Gattin verstorben) hinterläßt: einen Sohn und aus der Ehe seines verstorbenen Sohnes mit der einzigen Tochter seiner verstorbenen Tochter einen Enkel (Urenkel).

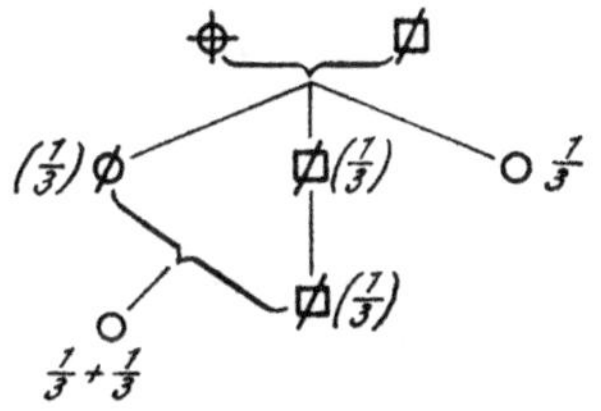

Vgl. auch Beispiel 2: Erbrecht von Halbgeschwistern neben Vollgeschwistern.

III. Zu lösende Fälle

1. a) Ohne Testament stirbt der ledige *L*. Seine Eltern *V* und *M* sind beide tot. Er hat ein außereheliches Kind *K*, einen Bruder *B*, zwei Neffen *N* und *N'* von einer verstorbenen Schwester *S*, einen Halbbruder *H* aus der ersten Ehe der Mutter *M* und einen außerehelichen Halbbruder väterlicherseits *H'*.

b) Ändert sich etwas, wenn *L* eine Frau ist?

2. Ohne Testament stirbt der ledige, kinderlose Erblasser*E*. An nächsten Angehörigen leben:
Die beiden Großeltern väterlicherseits *G* 1 und *G* 2, die Großmutter mütterlicherseits *G* 4 und zwei Onkel mütterlicherseit *O* 1 und *O* 2.

3. *N* kommt zu Ihnen: „Meine Tante *T* ist tot. Es lebt nur noch meine andere Tante, das ist die Schwester der *T*, *T'* und meine verheiratete Schwester *S* mit Mann *M* und zwei Kindern *K* und *K'*. Bekomm ich etwas?"

4. *W* hinterläßt: Drei Stiefsöhne, diese sind verheiratet und haben je drei Kinder; vier Schwestern und zwei Brüder, einer hat sechs, der andere zwei Kinder.

C. Gattenerbrecht

I. Gelöste Fälle

1. Frau stirbt und hinterläßt:

a) ihren Mann, ihren gemeinsamen Sohn, eine uneheliche Tochter und einen Sohn ihres Mannes aus erster Ehe.

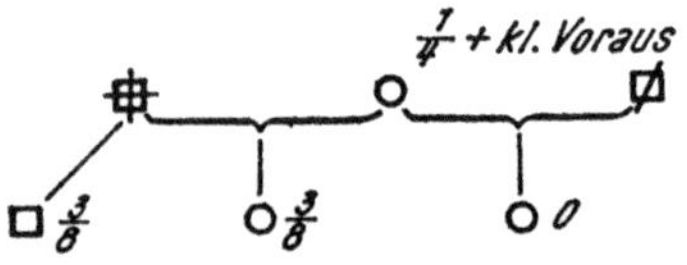

b) Wie, wenn sie nur ihren Mann und ihre uneheliche Tochter hinterläßt? *M* ... $^1/_4$ plus kleinen Voraus; *T* ... $^3/_4$.

c) Wie, wenn sie nur ihren Mann und dessen Sohn aus erster Ehe hinterläßt? Wenn nicht Erben 2. oder 3. Parentel vorhanden, erbt *M* alles.

2. Ein Mann stirbt kinderlos und hinterläßt:

a) seine Frau; deren unehelichen Sohn; seine Mutter; seinen Bruder; seinen Schwager (Mann der verstorbenen Schwester); von einer verstorbenen Halbschwester aus der ersten Ehe seines Vaters einen Neffen und eine Nichte.

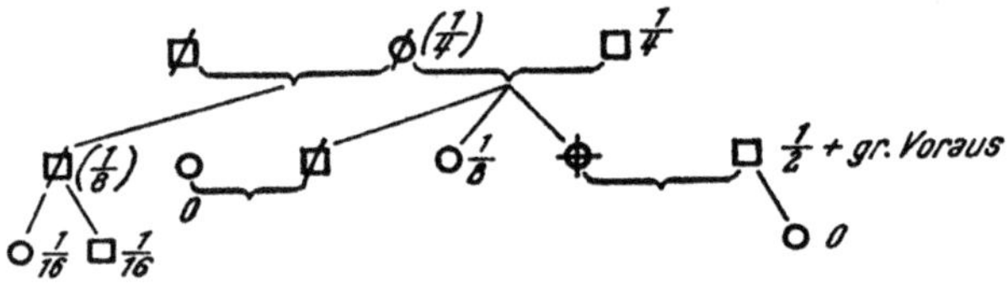

b) Wie, wenn die Schwester den Erblasser überlebt und dann stirbt? Zwei Erbfälle! Tod des Erblassers:

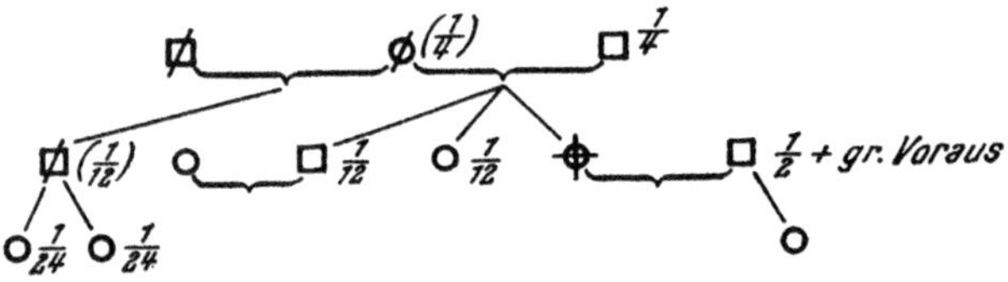

Tod der Schwester:

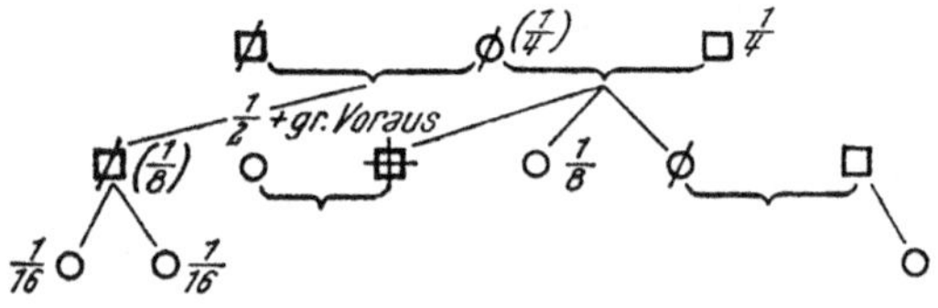

3. Frau stirbt kinderlos und hinterläßt:

a) ihren Mann; eine Nichte; eine Tante und einen Großvater väterlicherseits; einen Onkel mütterlicherseits.

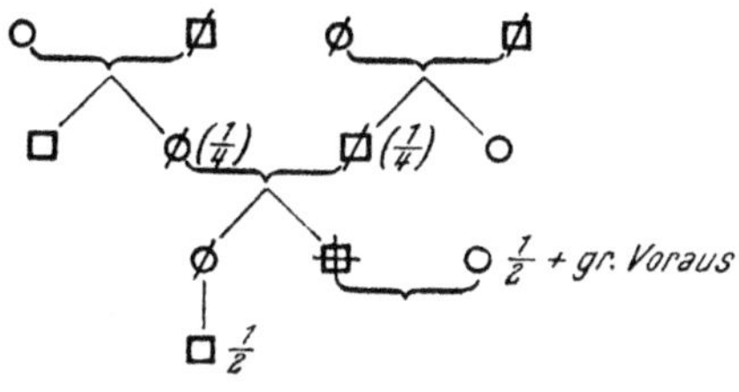

b) Wie, wenn die Nichte nicht mehr lebt?

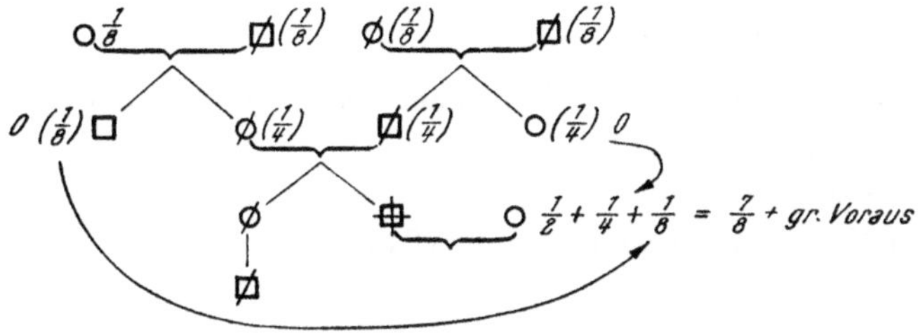

Der neidische Onkel und die neidische Tante, selbst nicht Erbende, beeinflussen den Erbteil des lebenden Großelternteiles.

c) Wie, wenn Onkel und Tante auch gestorben sind und nur der Großvater lebt? Mann $^1/_2$ plus großen Voraus; Großvater $^1/_2$.

d) Wie, wenn nur Onkel und Tante am Leben sind? Mann alles.

II. Zu lösende Fälle

1. *M* hinterläßt *W* und einen Sohn. – *W* hinterläßt *M* und zwei Kinder.

2. *M* hinterläßt *W*; seine verheiratete Tochter ist schon tot; es lebt ihr Mann und ihre fünf Kinder.

3. *W* hinterläßt *M*, eine Schwester und den Großvater mütterlicherseits. Wie, wenn die Schwester tot war, aber ihre Enkelin, die Großnichte von *W*, lebt?

4. *M* hinterläßt *W* und ein Geschwisterkind väterlicherseits.

5. *M* hinterläßt *W* und die beiden Großväter
und einen Großvater.

6. *W* hinterläßt *M*, einen väterlichen Onkel, ein mütterliches Geschwisterkind.

7. *M* hinterläßt *W*, die Großmutter väterlicherseits, einen Onkel mütterlicherseits und eine Tante väterlicherseits.

D. Pflichtteilsrecht

Die vorgenannten Fälle (B und C) lassen sich auch für die Bestimmung verwenden, wer pflichtteilsberechtigt ist und auf wieviel.

E. Anrechnung beim Erbteil

1. Beispiel (nach Ehrenzweig) zu S. 70 C I 1 b

Erblasser, Nachlaß 66 000

O Peter, Ausstattung 6 000 — Ø Paul

Franz — Maria, Heiratsgut 10 000

Franz, Ausgleichung mit Maria	10 000
Stamm Paul somit 10 000 . 2	20 000
Stamm Peter Ausgleichung mit Stamm Paul 20 000 – 6 000	14 000
Nachlaßrest 66 000 – 24 000 =	42 000
davon Stamm Peter	21 000
Stamm Paul = Franz und Maria je 10 500 =	21 000
	42 000
Ergebnis: Nachlaß plus Vorempfänge	82 000
Stamm Peter 6 000 + 14 000 + 21 000 =	41 000
Franz 10 000 + 10 500 =	20 500
Maria 10 000 + 10 500 =	20 500
	82 000

2. Beispiel zu S. 70 C I 2

a) Wenn in unserm Beispiel Maria an Heiratsgut 24 000 erhalten hätte, hätte Franz dasselbe und Peter 48 000 – 6 000 = 42 000 zu erhalten. Damit wäre der Nachlaß aufgezehrt.

b) Hat Maria mehr als Heiratsgut erhalten, erhält sie bei der Erbteilung nichts. Zwischen Peter und Franz ist folgendermaßen zu verteilen:

Franz Angleichung an Peter 6 000 : 2 =	3 000
Nachlaßrest	63 000
davon Peter $^2/_3$ =	42 000
Franz $^1/_3$ =	21 000
Ergebnis: Nachlaß plus Vorempfang Peter	72 000
Peter 42 000 + 6 000 =	48 000
Franz 21 000 + 3 000 =	24 000
	72 000

3. Beispiel zu S. 70 C II

Also in unserm Beispiel 1:

66 000 + 6 000 + 10 000 =	82 000
davon Peter 41 000, Franz und Maria je 20 500 =	82 000

also erhalten aus dem Nachlaß von	66 000
Peter 41 000 – 6 000 =	35 000
Franz	20 500
Maria 20 500 – 10 000 =	10 500
ergibt den Nachlaß	66 000

In unserm Beispiel 2 a:

66 000 + 24 000 + 6 000 =	96 000
davon Peter 48 000, Franz und Maria je 24 000 =	96 000
also erhalten aus dem Nachlaß von	66 000
Peter 48 000 – 6 000 =	42 000
Franz	24 000
Maria 24 000 – 24 000 =	–
ergibt	66 000

In unserm Beispiel 2 b hat Maria mehr als 24 000 erhalten, behält den Vorempfang, erhält aber kein Erbteil. Die Ausgleichung erfolgt nur noch zwischen Peter und Franz:

66 000 + 6 000 =	72 000
davon Peter $^2/_3$ =	48 000
Franz $^1/_3$ =	24 000
	72 000
Aus dem Nachlaß:	
Peter 48 000 – 6 000 =	42 000
Franz 24 000	24 000
ergibt	66 000

F. Anrechnung beim Pflichtteil

1. Berechnungsweise des § 793 (s. o., S. 70 C I und Beispiel E 1) beim Pflichtteil unbrauchbar

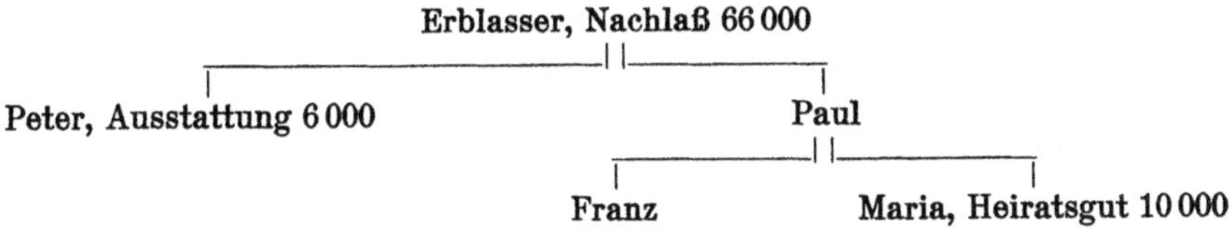

Außer dem Vorempfang erhalten als Erbteil:

Peter	35 000	Pflichtteil wäre also 17 500
Franz	20 500	Pflichtteil wäre also 10 250
Maria	10 500	Pflichtteil wäre also 5 250

Rechnet man die Vorempfänge dazu, ergibt sich eine krasse Ungleichheit. Insgesamt würden erhalten:

Peter 6 000 + 17 500 =	23 500
Franz	10 250
Maria 10 000 + 5 250 =	12 250

Das Ergebnis ist falsch, weil bei diesem Verfahren der zuvor abgezogene Vorempfang bei Berechnung des Pflichtteils mit halbiert wird, obwohl er ganz empfangen wurde.

2. Richtige Berechnung (s. o., S. 91 unten)

Also: Stamm Paul 20 000 (10 000 . 2), Stamm Peter 6 000.

66 000 + 20 000 + 6 000 =	92 000
Erbteil Peter und Paul betrüge je	46 000
Pflichtteil Peter und Paul betrüge je	23 000
Pflichtteil Franz und Maria betrüge je	11 500

Also erhält:

Peter 23 000 – 6 000 =	17 000
Franz	11 500
Maria 11 500 – 10 000 =	1 500

Insgesamt erhält Peter 23 000, Franz 11 500, Maria 11 500. Der Ausgleich ist also erzielt.

G. Schenkungsanrechnung

Wir erörtern die Wirkung an folgendem Fall: Der Erblasser hinterläßt seine Gattin und einen Sohn. Der Erbteil der Frau beträgt $^1/_4$, der des Sohnes $^3/_4$, sein Pflichtteil daher $^3/_8$.

1. Beispiel zu S. 93 II 1

Nachlaß	80 000
Geschenk an Gattin	80 000
Geschenk an Sohn	—
Nachlaßpflichtteil des Sohnes $^3/_8$ von 80 000 =	30 000
Erhöhter Pflichtteil $^3/_8$ von 160 000 =	60 000
Erhöhung des Pflichtteils um	30 000
Der Sohn kann aus dem Nachlaß beanspruchen	60 000

2. Beispiel zu S. 93 II 2

Nachlaß	80 000
Geschenk an Sohn	80 000
Geschenk an Gattin	—
Der Sohn erhält $^3/_8$ von 80 000 =	30 000

3. Beispiel zu S. 93 II 3

a)	Nachlaß	80 000
	Geschenk an Gattin	50 000
	Geschenk an Sohn	30 000
	Nachlaßpflichtteil des Sohnes $^3/_8$ von 80 000 =	30 000
	Erhöhter Pflichtteil $^3/_8$ von 160 000 =	60 000
	Pflichtteilserhöhung	30 000
	Anrechnung des Geschenkes an Sohn =	−30 000
	Sohn kann keine Erhöhung verlangen;	
	es bleibt bei seinem Nachlaßpflichtteil von	30 000
b)	Nachlaß	80 000
	Geschenk an Gattin	60 000
	Geschenk an Sohn	20 000
	Nachlaßpflichtteil	30 000
	Erhöhter Pflichtteil	60 000
	Pflichtteilserhöhung	30 000
	Anrechnung des Geschenkes an Sohn	−20 000
	Sohn kann als Pflichtteilserhöhung beanspruchen	10 000

4. Beispiel zu § 951 I (s. o., S. 93 III 1)

a)	Nachlaß	80 000
	Geschenk an Gattin	160 000
	Geschenk an Sohn	—
	Nachlaßpflichtteil des Sohnes	30 000
	Erhöhter Pflichtteil des Sohnes	90 000

Nachlaß reicht nicht aus, Sohn kann von der Gattin 10 000 verlangen. Nicht jedoch könnte er z. B. von der zur Universalerbin eingesetzten Schwester des Erblassers die Erhöhung verlangen.

b)	Nachlaß	40 000
	Geschenk an Gattin	160 000
	Geschenk an Sohn	40 000
	Nachlaßpflichtteil	15 000
	Erhöhter Pflichtteil	90 000
	Pflichtteilserhöhung	75 000
	darauf anzurechnen	40 000
	bleiben	35 000
	dazu Nachlaßpflichtteil	15 000
	Summe	50 000

Nachlaß reicht nicht aus, Lösung wie oben.

5. Beispiel zu S. 93 III 2

Erblasser hinterläßt vier Söhne und einen Bruder.

Geschenk an Bruder	50 000
Geschenk an 1. Sohn	20 000
Geschenk an 2. Sohn	10 000
Geschenk an 3. Sohn	—
Geschenk an 4. Sohn	—
Nachlaß	—
Erhöhter Pflichtteil	je 10 000

3. und 4. Sohn können diese Erhöhung vom Bruder und vom 1. Sohn, nicht aber vom 2. Sohn fordern.

Nicht ausdrücklich geregelt ist folgender Fall: Erblasser hinterläßt seine Gattin und zwei Söhne. Einen setzt er zum Erben ein, den andern auf den Pflichtteil.

Nachlaß	40 000
Geschenk an Gattin	80 000
Nachlaßpflichtteil je 7 500	15 000
Nachlaßrest	25 000
Erhöhter Pflichtteil je 22 500	45 000

Der auf den Pflichtteil gesetzte Sohn verlangt somit 22 500. Würden sie aus dem Nachlaß genommen, blieben für den eingesetzten Sohn, der ja gleichfalls pflichtteilsberechtigt ist, nicht mehr 22 500. In Wahrheit kann jeder Sohn nur 20 000 aus dem Nachlaß fordern und muß 2500 von der Gattin verlangen.

Quellenverzeichnis

Unter mehreren Fundstellen sind Hauptfundstellen *kursiv* gedruckt

ABGB.

Anerbenrecht

Verfahren außer Streitsachen (AußStrG.)

Ehegesetz

1. DV. z. Ehegesetz

5. DV. z. Ehegesetz

Entmündigungsordnung

Handelsgesetzbuch

Hof- und Hofkanzleidekrete

Versicherungsvertragsgesetz

ZPO.

EO.

KO.

Sachverzeichnis

Die Zahlen bedeuten Seiten. Unter mehreren Fundstellen sind Hauptfundstellen *kursiv* gedruckt

GPSR Compliance

The European Union's (EU) General Product Safety Regulation (GPSR) is a set of rules that requires consumer products to be safe and our obligations to ensure this.

If you have any concerns about our products, you can contact us on ProductSafety@springernature.com

In case Publisher is established outside the EU, the EU authorized representative is:

Springer Nature Customer Service Center GmbH
Europaplatz 3
69115 Heidelberg, Germany

Batch number: 10844655

Printed by Printforce, the Netherlands